Karl A. Eckstein Geschäftserfolg in Russland

Karl A. Eckstein

Geschäftserfolg in Russland

Business-Tipps vom Russland-Kenner Nummer 1

orell füssli Verlag AG

© 2007 Orell Füssli Verlag AG, Zürich
www.ofv.ch
Alle Rechte vorbehalten

Umschlagabbildung: Corbis (George Hammerstein/Veer)
Umschlaggestaltung: Andreas Zollinger, Zürich
Druck: fgb • freiburger graphische betriebe, Freiburg

ISBN 978-3-280-05255-6

Bibliografische Information der Deutschen Bibliothek:
Die Deutsche Bibliothek verzeichnet diese Publikation in der
Deutschen Nationalbibliografie; detaillierte bibliografische
Daten sind im Internet über http://dnb.d-nb.de abrufbar.

Inhalt

1. Anstelle eines Vorwortes

Es ging um den Verkauf einer Produktionslinie zur Herstellung von Schweißpulver. Der Auftragswert betrug etwa 10 Millionen US-Dollar.

Einkäufer war die Firma Metallurgimport, der Direktor hieß Michail Tarassov. Unsere Konkurrenten waren Franzosen. Deren Vertretungsbüro befand sich im selben Haus, genau einen Stock über uns. So konnten wir also immer sehen, wenn die Vertreter von Metallurgimport bei der Konkurrenz zu Verhandlungen waren. Wir wussten, dass wir sowohl technisch als auch preislich mit der Konkurrenz ebenbürtig waren.

Ein typisches Zeichen, dass die Verhandlungen in der Endphase angelangt waren und in den nächsten ein bis zwei Wochen mit dem einen oder anderen der Vertrag abgeschlossen werden würde, war der Umstand, dass die Einkäufer keine Akten mehr mitbrachten und dass praktisch nicht mehr über die Vertragsdetails gesprochen wurde; man sprach nur noch über die verschiedenen Sorten von Cognac oder Whisky und deren Vorzüge. Das war etwa 1983, also noch vor Gorbatschows Antialkoholkampagne. Westliche Getränke gab es für Russen nicht zu kaufen, nur für Ausländer gegen Hartwährung in den Devisenläden «Berioska». Westlichen Whisky oder Cognac zu trinken galt als ein Hochgenuss der besonderen Art (Wodka war das banale Getränk des einfachen Mannes).

In dieser Vorvertragsphase sprach man aber nicht nur über diese Getränke, sondern kredenzte sie auch ausgiebig, denn man wusste, dass die westlichen Firmenvertreter diesbezüglich nie so großzügig waren wie unmittelbar vor dem erhofften Vertragsabschluss. Diese Vorabschluss-«Verhandlungen» waren der Albtraum aller westlichen Firmenvertreter.

Als sich Direktor Tarassov unmittelbar vor der Deadline bei mir zu «Abschlussverhandlungen» meldete, wusste ich, was ich zu tun hatte. Ich bereitete mich gehörig vor: Ich stopfte mir den Magen voll mit allem fettigen Zeug, das ich im Kühlschrank fand: Speck, Eier, Salami, Butter, und trank reines Sonnenblumenöl – um meinen Magen möglichst hermetisch abzudichten. Dann kam er, der gefürchtete Tarassov, ein wahrer russischer Bär, groß und kräftig gebaut – und dazu noch von Metallurgimport. Die Metallurgen waren stolz darauf, als Trinkerelite der Nation zu gelten.

Alkoholstandfestigkeit galt in dieser Zeit als Zeichen echter Männlichkeit.

Selbstverständlich war einer der ersten Trinksprüche darauf, dass der bessere Bewerber gewinnen möge. (Nach welchen Kriterien der «Bessere» bestimmt würde, ließ er zwar offen, aber ich wusste, was im Zweifelsfall das Zünglein an der Waage spielen würde.)

So tranken wir dann, was das Zeug hielt: auf den Weltfrieden, die friedliche Koexistenz, die Gesundheit unserer Tanten, auf das Wohl der Frauen im Allgemeinen und Besonderen, auf das Gelingen der nächsten Olympiade, eine gute Angelsaison und, und, und …

Irgendwann am späten Abend, als mein Gegenpart schon ziemlich lädiert mit geöffnetem Krawattenschlips, glasigen Augen und unsicherer Phonetik den Vorschlag machte, noch einen «Passaschok» (das letzte Glas, bevor man geht) zu trinken, nahm ich ihn bei seiner Ehre. Das könne er ja nicht so einfach: Schließlich hätten wir doch noch nicht auf das Wohl der Partei getrunken – ob er denn etwas gegen die Partei hätte. Und dann auf das Wohl des Generalsekretärs Andropow – ob er denn von ihm nichts halte. Und dann auf die Veteranen des Großen Vaterländischen Krieges – ob ihm denn deren Opfer nichts wert seien …

Langer Rede kurzer Sinn: Irgendwann lag der Direktor von Metallurgimport buchstäblich unter unserem Konferenztisch. Ich holte seinen Fahrer, der draußen im Auto auf seinen Chef wartete. Wir schleppten ihn zusammen in seine Staatslimousine Marke «Wolga».

Am nächsten Morgen erhielt ich ein Telefon von Metallurgimport, am Telefon die kräftige Stimme des Bären Tarassov: «So was ist mir ja noch nie passiert. Dass mich so ein dünner, westlicher Grünschnabel unter den Tisch säuft! Komm zu mir und nimm einen Kugelschreiber zum Unterschreiben mit!»

Diese Art der Verhandlungsführung gewährleistet heute selbstverständlich nicht mehr den Erfolg. Zwar gibt es in der Provinz noch immer Staatsunternehmen, wo alte Traditionen aus spätsowjetischer Zeit noch nicht ganz über Bord geworfen wurden.

Aber die Regeln sind heute eher umgekehrt: Nach den Umwälzungen der Neunzigerjahre haben in vielen Bereichen junge Sportler das Kommando übernommen. Die trinken meist keinen Tropfen.

In einer Provinzstadt bewarb ich mich für die juristische Begleitung eines großen Geschäfts. Es ging um eine Reorganisation eines Konzerns mit über 100 000 Mitarbeitern. Der Konzernleiter war ein ehemaliger Sportler, 35 Jahre alt.

Natürlich bestellte ich Orangensaft, und auf seine Frage, ob ich noch ein Glas Wein möchte, lehnte ich entrüstet ab: Das lasse sich mit meinem Trainingsprogramm nicht vereinbaren – ich bereite mich nämlich auf die nächste Skisaison vor, und da müsse ich fit sein. Ich sprach dann begeistert vom alpinen Skifahren in der Schweiz und von meinen Leistungen als ehemaliger Skilehrer.

Im Folgenden drehte sich das Gespräch nur noch um Skifahren und Snowboarding. Dass ich den Auftrag hätte und ein erstes Konzept bis dann und dann einreichen solle, erwähnte mein Gegenüber nur noch in einem Nebensatz.

Letztlich fallen natürlich auch in Russland die Äpfel vom Baum nach unten und nicht aufwärts. Wie überall gilt es im Verkauf, dass man weiß, wie man seinen Partner nehmen muss. Nur eine Komponente ist in Russland ausgeprägter: Neben der als selbstverständlich erwarteten Sachkompetenz und Konkurrenzfähigkeit des angebotenen Produkts spielt die persönliche Ebene eine äußerst wichtige Rolle.

Geschäfte macht man in erster Linie mit Freunden. Solange man nicht als Freund empfunden wird, sind die Chancen für ein erfolgreiches Geschäft gering. Die Wertvorstellungen seines Partners zu kennen und ihnen zu entsprechen ist eine wichtige Vorbedingung für den Geschäftserfolg in Russland.

Russen sind in der Regel sehr belesen, haben einen breiten kulturellen Horizont und interessieren sich für viele Bereiche aus Wissenschaft, Technik, Geschichte – für Kultur im umfassenden Sinne. Rein sachbezogene Verkaufsgespräche genügen nicht. Um akzeptiert zu werden, sollte man mehr wissen als nur technische Produktbeschreibungen und Finanzierungsschemata.

Ziel dieses Buches ist es, Grundlagenwissen zu vermitteln, um den russischen Geschäftspartner verstehen zu können, zu begreifen, wie er «funktioniert» und womit Sie ihn beeindrucken können. Aber es kommt auch darauf an, Ihre Geschäftpartner prüfen zu können. Sie sollten die offensichtlichsten Stolpersteine und Fallgruben dieser Geschäftskultur erkennen können. Und damit komme ich zu einigen wesentlichen Anliegen des Buches.

Sie werden einige Dinge lesen, die Ihnen möglicherweise die Haare zu Berge stehen lassen, weil sie derart konträr zur wirtschaftlichen Praxis in Mittel- und Westeuropa stehen, dass sie Ihnen als übertrieben erscheinen. Möglicherweise werden Ihre Vorurteile gegenüber Russland bestätigt. Möglicherweise werden Sie sich auch fragen, ob es überhaupt sinnvoll ist, in Russland zu investieren.

Ich berichte über viel Negatives, über Gefahren, über Ungereimtheiten im System, über Charakterschwächen und Risiken im Geschäft und zeichne damit streckenweise ein recht düsteres Bild. Ich mache also manchmal genau das, worüber ich mich in der westlichen Presseberichterstattung so oft aufrege. Denn ich meine: «Russland ist besser als sein Ruf.»

Ich wäre der größte Trottel, die 25 besten Jahre meines Lebens freiwillig in Russland zu verbringen, wenn ich nicht überzeugt wäre, dass Russland ein interessantes und fantastisches Land ist, in dem es sich lohnt zu leben und zu arbeiten. Und dass dem so ist, soll hier noch einmal unterstrichen werden.

Bedenken sollten Sie auch, dass sich das Land auf einem mühevollen Weg in die Demokratie und in eine moderne Wirtschaft befindet, der nur durch die Verabschiedung einer Verfassung noch längst nicht abgeschlossen ist. Ein Land, das jahrhundertelang von despotischen Regimes regiert wurde, befindet sich in einem schmerzlichen Prozess, bei dem sich menschliche Erfahrung und Verfassungsrealität aneinander reiben. Und da die menschliche Erfahrung bekanntermaßen meist über abstrakte Regeln triumphiert, darf man sich über eingeschliffene Verhaltensweisen nicht wundern, denn die nicht fixierten *Do's and don'ts* des «Erfahrungsrechts» haben immer die Grundlagen des Überlebens gestellt. Der Weg zur bürgerlichen Zivilgesellschaft ist noch weit.

In anderem Zusammenhang wäre es wohl sinnvoll, hie und da zu relativieren und dem einen oder anderen Kapitel die Ecken zu nehmen, um das Bild etwas abzurunden. Ich lasse es bleiben im Bewusstsein, dass man sich eine Wegbeschreibung nicht deshalb anschafft, damit man über die breiten, gefahrlosen, gut asphaltierten Strecken informiert wird, sondern weil man in erster Linie auf Gefahren und Stolpersteine, Löcher und Baustellen, Engpässe und Glatteis aufmerksam gemacht werden möchte. Die Wegbeschreibung nimmt sowieso nur der, der sich schon entschlossen hat, den Weg zu gehen oder zu fahren, weil er überzeugt ist, dass das Ziel sich lohnt.

Es wäre noch eine Menge über die Qualitäten und Vorzüge des Landes zu berichten: über den hohen Freizeitwert für Theater- und Konzertliebhaber in den großen Städten, die unberührte Natur, die vielen brachliegenden Geschäftsmöglichkeiten, die unterbewerteten Firmen, die noch zu haben wären, die Marktsegmente, die noch aufnahmefähig sind wie ausgetrocknete Schwämme, vor allem über die optimistisch vorwärtsgerichtete Aufbruchsstimmung, die nur mit jener in Westeuropa in den Sechzigerjahren des letzten Jahrhunderts verglichen werden kann, die auf der Oberfläche liegenden Ressourcen von Rohstoffen und technischem Know-how und, und, und, und ...

Und auch das gehört gesagt: Die russische Welt besteht nicht nur aus Oligarchen und armen Menschen. Die wirklich rasanten Wandlungsprozesse haben in den letzten Jahrzehnten eine recht breite Mittelschicht hervorgebracht. Sie hat Geld und will es auch ausgeben. Und mit ihr werden sich in den nächsten Jahren auch Stück für Stück stabilere Verhältnisse einstellen.

Ich kenne einige Schweizer Pioniere auf dem russischen Markt. Von ihnen ist durchgängig das Gleiche zu hören: Die Verhältnisse sind an vielen Punkten grundlegend anders. Wer sich aber auf das Abenteuer «Geschäftserfolg in Russland» und auf das Anderssein einlässt, kann an dieser epochalen Entwicklung der russischen Gesellschaft wirtschaftlich teilhaben.

Ansonsten gilt auch hier: Ich habe durchgehend die männliche Form gewählt; sie schließt aber selbstverständlich die Russ*innen* und die Geschäftspartner*innen* mit ein.

2. Vorurteil und Urteil

Am 1. Juli 2002 ereignete sich im Luftraum über dem Bodensee ein tragisches Unglück.

Eine Boeing-Frachtmaschine von DHL kollidierte in 11 000 Metern Höhe mit einem Passagierflugzeug Tupolew TU-154M der russischen Fluggesellschaft «Bashkirian Airlines». Alle 60 Passagiere (davon 45 Kinder) und 9 Besatzungsmitglieder des russischen Flugzeugs und die beiden Piloten der Boeing kamen ums Leben.

In den ersten Tagen danach gab es in den deutschen und schweizerischen Medien viele Kommentare zum Unglück:

* Die russischen Flugzeuge seien schlecht gewartet und in fürchterlichem technischen Zustand.
* Die russischen Flugzeuge seien nicht mit den modernen Antikollisionssystemen ausgerüstet.
* Die russischen Piloten seien permanent übermüdet. Weil sie zu wenig verdienten, müssten sie in der Ruhezeit noch als Taxifahrer im Zweitjob arbeiten.
* Die russischen Piloten würden so schlecht Englisch sprechen und verstehen, dass sie die Anweisungen der Bodenkontrolle nicht verstünden.
* Die Fluggesellschaft «Bashkirian Airlines» gehöre der russischen Mafia.
* Die getöteten Kinder seien solche der örtlichen Mafia gewesen – andere könnten sich keinen Urlaub in Spanien leisten (Spanien war das Flugziel).

Es ist ein fast vollständiger Strauß der gängigen Vorurteile zu Russland. Dagegen stellte die Bundesstelle für Flugunfalluntersuchung in Braunschweig fest:

- Die Tupolew befand sich in einem einwandfreien technischen Zustand.
- Sie war mit dem modernen Antikollisionssystem TCAS ausgerüstet.
- Die Piloten hatten den Dienst normal ausgeruht angetreten.
- Die Sprachkenntnisse des Piloten ließen nichts zu wünschen übrig.

Dass die Kinder nicht der Mafia angehörten und auch deren Eltern absolut durchschnittliche Bürger waren, hat sich ebenfalls gezeigt, genauso wie die Tatsache, dass die «Bashkirian Airlines» eine normale, halbstaatliche Fluggesellschaft ist.

Der größte Fehler des russischen Piloten bestand darin, den falschen Anweisungen der Schweizer Flugsicherung mehr geglaubt zu haben als dem Warngerät seiner russischen Maschine.

All die negativen Kommentare fanden nach dem Unfall seitenweise Platz und Raum in den Printmedien und in Radio und Fernsehen. Sie haben dem Durchschnittsschweizer und -deutschen wieder mal bestätigt, wie schlimm alles in Russland ist.

Als dann aber Stück für Stück die Wahrheit ans Licht kam, dass nämlich die Organisation der Schweizer Flugsicherung katastrophal fehlerhaft war, waren keine Dementis zu den vorhergehenden Kommentaren zu hören. Die Aussagen zur kläglich mangelhaften Sicherheit in russischen Flugzeugen blieb unwidersprochen bestehen und hatte wieder einmal mehr Leser, Hörer und Zuschauer in ihrem Urteil über Russland bekräftigt.

Ich habe 25 Jahre in Russland gelebt und maße mir an, das Land hinreichend zu kennen. Ich bin weit davon entfernt zu behaupten, das Leben in Russland sei der Himmel auf Erden. Ganz sicher gibt es vieles zu verbessern, und unzweifelhaft läuft manches schief.

Aber so, wie viele Personen, die nie in Russland waren, sich das Land vorstellen, ist es sicherlich nicht. Wenn ich die herkömmliche Medienberichterstattung zu Russland lese, kommt mir das derart fremd vor, dass ich glaube, im falschen Land gelebt zu haben.

Die Gewissheiten, mit denen unbedarftere Mitbürger Russland beurteilen, sind in den meisten Fällen lediglich zu subjektiven Wahrheiten verdichtete und zementierte Vorurteile: Sie basieren auf keinerlei eigener Erfahrung, sondern auf unkritischer Meinungsübernahme von Sensationsberichterstattungen durch Journalisten, die im permanenten Zeitdruck keine gründlichen Analysen vornehmen. Und weil sie Pfuscharbeit leisten, müssen diese Journalisten mit dem Strom schwimmen. Und der ist halt nun mal so: In Russland gibt es nur wenige Superreiche, ansonsten sind alle anderen mausarm; überall ist Mafia, Korruption und Prostitution präsent.

Solch unbedachte Vorurteile verhindern ein offenes Herangehen, normale Beziehungen und unbelastetes Verhalten.

Letzthin rief mich ein Vorstandsmitglied eines großen Konzerns, der eigentlich schon seit Jahren im russischen Markt hätte tätig sein können (und wohl viel Geld damit verdient hätte), an. Man habe sich entschieden, nun doch den Markteintritt nach Russland zu versuchen. Er wolle in Moskau einige Kontakte knüpfen: Ob ich ihm ab Flughafen für die Zeit seines Aufenthalts eine Leibwache organisieren könne …

Wenn Sie sich den Eintritt in den russischen Markt überlegen oder sich sogar schon dazu entschlossen haben, ist es als Erstes wohl wichtig, mit offenen Augen die Situationen und die Umgebung zu analysieren. Dabei ist ein unvoreingenommenes Herangehen das Wichtigste. Wer alle Begebenheiten fortwährend in das Schema seiner gefestigten Vorurteile hineinzwängt, wird das Land nie verstehen – und auch keinen Geschäftserfolg haben.

Wenn Sie in Russland einen reichen Geschäftsmann oder hohen Beamten sehen, der sich mit einem Dutzend Leibwächter umgibt und im begleiteten Konvoi mit Blaulicht und hoher Geschwindigkeit in der gepanzerten Limousine übers Land fährt, so wird sich das gängige Urteil wohl bestätigen: Geschäftsleute und Beamte müssen eine hochgerüstete Leibwache haben, denn ihr Leben ist in permanenter Gefahr.

Ein Kenner Russlands aber sieht das anders: Viele Russen leiden an Minderwertigkeitskomplexen. Äußerlichkeiten und Prestige bestimmen den Sozialstatus. Nach 70 Jahren Gleichmacherei will man sich herausheben. Nichts hebt aber so offensichtlich über die einfache Masse hinaus als diese Leibstandarten-Show. Ein wesentliches Mehr an Sicherheit bringen diese eindrucksvollen Inszenierungen nicht.

Gehen Sie in sich: Woher haben Sie die Informationen, auf die sich Ihr Urteil stützt? Lassen Sie sich in Ihren Entscheidungen von fundierten Urteilen oder Vorurteilen leiten?

3. Land und Leute

3.1 Russland, ein Vielvölkerstaat

Wenn wir von Russland und den Russen sprechen, so müssen wir uns immer vor Augen halten, dass Russland ein buntes Völkergemisch ist. Auf dem Territorium Russlands werden über 100 verschiedene einheimische Sprachen gesprochen (24 davon sind als offizielle staatliche Amtssprachen anerkannt) und wohnen über 180 Völker mit eigener Minoritätskultur, wobei 67 mehr als 15 000 Einwohner umfassen (siehe Liste im Anhang, Seite 199 ff.).

Die meisten Amtssprachen gehören nicht zur indogermanischen Sprachfamilie, sondern beispielsweise zur altaiischen Sprachfamilie (Tatarisch, Tschuwaschisch) oder zu den Uralsprachen (Udmurtisch, Mariisch).

Im Russischen gibt es zwei Adjektive für «russisch»: «ruski», wenn man die durch die russische Sprache verbundene slawische Kulturgemeinschaft meint, und «rossiski», wenn man die durch das Territorium der Russischen Föderation vereinten Angehörigen der russischen Nation meint. Wenn ich im Weiteren also von «Russen» spreche, so meine ich damit selbstverständlich meist auch die Russinnen und die slawisch geprägte Kulturgemeinschaft der «Ruskis».

Aber es gibt eben noch viele andere Völker, die mit den beiden Begriffen «ruski» und «rossiski» nicht erfasst sind. Es ist immer interessant, wenn in westlichen Journalen von der «russischen» Mafia gesprochen wird. In vielen Fällen stellt sich bei genauerer Betrachtung heraus, dass es sich um «Syndikate» ethnischer Prägung handelt, um Aserbaidschaner, Dagestaner, Tadschiken, Tschetschenen, Armenier und andere.

Obwohl vom Ursprung her ganz klar zu unserer europäischen Kulturgemeinschaft gehörend, sagen die Ruskis von sich zu Recht, dass bei ihnen auch die asiatische Mentalität Spuren hinterlassen habe. Ob das auf die 300-jährige Tatarenherrschaft zurückzuführen ist oder auf die Integration asiatischer Völker in Sibirien und derjenigen aus dem Kaukasus und Mittelasien, ist kaum auszumachen.

Aber ich bin immer wieder überrascht, wie der uns doch so vertraut indogermanisch aussehende blonde und blauäugige russische Hüne «asiatisch» reagieren kann; wie er oft eine fatalistische Lebensweise an den Tag legt, sich durchs Leben schaukeln lassen kann, in Erwartung, was da kommen mag. Klare Ziele, Erfolg oder gar Erfüllung in der Arbeit sind für ihn keine wesentlichen Begriffe.

Als ich etwas enger in Kontakt mit der mittelasiatischen Kultur Tadschikistans kam, beobachtete ich, wie verwischt dort die Grenzen zwischen Wirklichkeit und Fantasie sind: begnadete Märchenerzähler aus Tausendundeiner Nacht – die nach einer gewissen Zeit die eigenen Märchen selbst glauben und sie für bare Münze nehmen. Sie führen ein Leben in der farbigen Zone zwischen Fiktion und Realität.

Auch dies ist ein Element, das Spuren bei vielen Russen hinterlassen hat. Die russische Bürokratie, die mehr als nur byzantinische Ausmaße angenommen hat, lebt geradezu von Fiktionen der Scheinrealität.

Mitunter scheint sich bei den Russen auch asiatische Härte und Brutalität mit verträumter romantischer Gutmütigkeit in derselben Person zu vereinen. Deutsche Kriegsgefangene berichteten von Lageraufsehern, von denen sie abends fürchterlich misshandelt und geprügelt wurden und die am nächsten Tag kamen, um ihnen die eigene Essensration zu schenken und ihre Wunden zu pflegen.

> In Russland treffen Sie oft auf nichtrussische Geschäftspartner: Erfreuen Sie ihn dadurch, dass Sie sich für seine Kultur interessiert zeigen.

3.2 Die russische Sprache und Schrift

Russisch gehört zu den indogermanischen Sprachen. Dazu gehören verschiedene Sprachgruppen wie Albanisch, Armenisch, Baltisch, Germanisch, Griechisch, Indoiranisch, Italisch, Keltisch und Slawisch. Unter den slawischen Sprachen wiederum unterscheidet man zwischen

- Ostslawisch (Russisch, Ukrainisch, Weißrussisch),
- Westslawisch (Polnisch, Tschechisch, Slowakisch, Sorbisch),
- und Südslawisch (Bosnisch, Bulgarisch, Kroatisch, Mazedonisch, Serbisch, Serbokroatisch, Slowenisch).

Die russische Sprache ist so kompliziert und unregelmäßig wie die russische Bürokratie. Interessant ist, dass sie, obwohl sie sich über ein riesiges Territorium von über 10 000 km Länge erstreckt, praktisch überall gleich gesprochen wird und kaum Dialekte kennt. Es gibt zwar geringe Unterschiede – zum Beispiel in der Aussprache des o –, aber diese sind nie so ausgeprägt, dass Russen untereinander Verständigungsschwierigkeiten hätten, wie das etwa zwischen einem Hamburger und einem Bayern oder einem Walliser und einem Basler geschehen kann.

An der Sprache sieht man, wo die deutsche Kultur besonders Einfluss genommen hat: Im Russischen gibt es sehr viele deutsche Lehnworte, vor allem aus den Bereichen Militär, Handwerk und Technik. (Eine Liste deutscher Fremdwörter findet sich im Anhang, auf Seite 194 ff.) Nicht immer ist dabei die Bedeutung der Worte die selbe geblieben: Der *Schweizar* (Schweizer) wurde zum Inbegriff eines Türstehers, Portiers. Das *Buterbrod* ist in der Regel ein belegtes Brot ohne Butter.

Aber auch die deutsche Sprache hat einiges aus dem Russischen übernommen: Das *Bistro* (die Schnellimbissstube) kommt vom russischen «bystro», schnell, oder der *Roboter* vom russischen Wort «rabotat», arbeiten.

Viele glauben, Russisch sei schwierig, weil es in einem anderen Alphabet geschrieben sei. Das ist aber die kleinste Hürde, die man wohl in einem Vormittag nimmt.

Die kyrillische Schrift, die im Russischen verwendet wird, besteht seit der letzten Rechtschreibereform von 1918 aus 33 Schriftzeichen, die großteils dem griechischen Alphabet entnommen sind. Der Ursprung wird den griechischen Mönchen Kyrill und Method zugewiesen, was wissenschaftlich aber wohl nicht ganz korrekt ist. (Alphabet und Transkriptionsregeln finden Sie im Anhang auf Seite 188 ff.)

Lernen Sie das kyrillische Alphabet. Das kostet Sie die Flugzeit von Westeuropa nach Moskau – der praktische Nutzen im Alltag rechtfertigt die Investition.

3.3 Speise und Trank

3.3.1 Speisen

Die russische Küche hat viele Prägungen erfahren: Die kalorienreiche, einfache Bauernkost, die französisch geprägte aristokratische Küche, der Einfluss der kaukasischen und mittelasiatischen Kultur und die Rezeptverarmung in der sowjetischen Mangelwirtschaft.

Wie in vielen Bereichen ist die heutige russische Küche geprägt vom kulturellen Nachholbedarf; von überall her werden Rezeptideen zusammengetragen, und die Vielfalt der Küche ist groß wie selten irgendwo.

An jeder Straßenecke findet man inzwischen japanische Sushi-Restaurants, und auch zu Hause hat die Hausfrau Sushi-Reiskochtöpfe – genauso wie ein Tonerde-Caquelon zur Herstellung von schweizerischem Käsefondue. Auch Pizza, griechischer Salat und Peking-Ente gehören zum neuen Standard. Und die Firma Nestlé hat es sogar fertiggebracht, die Teetrinkernation in einem Jahrzehnt zum Kaffeetrinken umzuerziehen.

Gehen wir aber zurück zur ursprünglichen russischen Hausmannskost. Diese ist im Alltag etwas anders als an Feiertagen oder wenn Gäste eingeladen sind. Wenn wir von der einfachen russischen Alltagsküche sprechen, so ist sie geprägt von Einfachheit und Kalorienreichtum – was meist mit dem langen, kalten Winter in Zusammenhang gebracht wird.

Essen hat in Russland nicht die kulturelle Bedeutung wie zum Beispiel in Frankreich. Gegessen wird, damit der Bauch gefüllt ist. Entsprechend gibt es auch keine große Varietät im Alltag. Frühstück, Mittagessen und Abendessen sind etwa inhaltsgleich.

Ein Frühstück kann etwa so aussehen.

* Borschtsch, ein Suppeneintopf mit viel roten Beeten (rote Rüben, Randen),
* Pelmenie, das sind fleischgefüllte Teigtaschen (ähnlich unseren Ravioli) an Sauerrahm,
* Fleisch,
* gekochte Kartoffeln oder Buchweizengrütze und
* Tee als Getränk.

Genauso oder ähnlich können Mittagessen und Abendessen aussehen. Das Mittagessen hat eine untergeordnete Bedeutung, schon aufgrund der Tatsache, dass es meist nicht zu Hause eingenommen wird. Vater und Mutter essen meist in der Kantine des Arbeitgebers (oder nehmen seit Neustem in einem Bistro um die Ecke einen kleinen, bescheidenen Business-Lunch ein), und die Kinder werden in der Schul- oder Kindergartenküche schlecht und recht verpflegt. Wichtiger ist dann wieder das Abendessen.

Diese unterschiedliche Bewertung des Mittagessens spiegelt sich auch im Geschäftsleben wieder. In West- und Mitteleuropa geht man oft zu einem Geschäftsmittagessen, um eine etwas persönlichere Atmosphäre zu schaffen und den Partner bei Smalltalk besser kennenzulernen. Das ist für einen Russen unverständlich – schon fast eine Beleidigung: So etwas tut man bei einem Geschäftsabendessen. Aber zu Feiertagen oder wenn Gäste eingeladen sind, bersten die Tische. Da wird alles herausgeholt, was sich finden und auftreiben lässt. Die Hausfrau ist den ganzen Tag mit der Vorbereitung beschäftigt. Dies war bereits zu den schlimmsten Sowjetzeiten so, als in den Läden nichts zu finden und die Gestelle leer waren.

So ein Essen, das in der Regel einige Stunden dauert, lässt sich in mehrere Teile gliedern:

1. Vorspeisen (Pervoje, «Erste»)

Das sind Suppen, Salate, kalte Fleisch- und Fischteller, Sulze und so weiter).

Suppen

- Borschtsch: Suppeneintopf mit viel roten Beeten, Fleisch, Oliven, Kartoffeln, Kohl;
- Soljanka: Eintopf mit verschiedenen Fleisch- und Wurststücken und Sauergurken (Tagesrückblick mit den Fleischresten von gestern);
- Lapscha: Eintopfsuppe mit Teigwaren;
- Okroschka: kalte Suppe auf Basis von Kwass oder Kefir. Da kann alles – fein geschnitten – drin sein, was dem Koch in die Finger kommt; wird nur im Sommer gegessen.

Salate

Während wir darunter vor allem Blattsalate und geschnittenes Gemüse verstehen, können es in Russland Gerichte mit Fleisch und Fisch sein. Ein typischer «russischer» Salat ist der bei uns bekannte «russische Salat». In Russland allerdings heißt er anders, nämlich Salat «Olivie», weil er das erste Mal von einem französischen Koch

Namens «Olivier» im Moskauer Hotel «National» kreiert worden sein soll. Üblich sind auch

- Seld v Schube (Hering im Pelz): geraffelte Randen (rote Beete) an Mayonnaise mit Salzheringen in der Mitte;
- Kvaschenaja Kapusta (Sauerkrautsalat): im Salzfass gegärter, geschnittener Weißkohl – nicht gekocht;
- Tomaten-Gurken-Salat.

Sakuski (Häppchen)
Das sind Appetizer; nach jedem Schluck Cognac oder Wodka wird so ein Häppchen gegessen.

- Cholodez: Hackfleisch in Sulz (ähnlich unserem Schwartenmagen);
- Kaltes Fischfleisch: Lachs, Stör, Salzheringe;
- Kaltes Fleisch, in Scheiben geschnitten: Zunge, Basturma (getrocknetes Rindfleisch mit Gewürzrinde, ähnlich Bündnerfleisch, eine armenische Spezialität), Aufschnitt;
- Brot: Neben Weißbrot isst man in Russland viel Schwarzbrot, auch gesäuertes Schwarzbrot. Ein besonderer Genuss ist das gesäuerte Roggenschwarzbrot mit Koriander, das Borodiner Brot (borodinskyi chleb);
- Butterbrot: Auf Russisch gibt es das Wort «Buterbrod», das aber – wie bereits auf Seite 21 erläutert – keine Butter aufgestrichen haben muss. Es ist ein meist mit Wurst oder Käse belegtes Brot.

2. Hauptspeisen (Vtoroje, «Zweite»)

Die Hauptspeisen enthalten meist Fleisch, Fisch oder Geflügel. Als Beilagen gibt es hauptsächlich Kartoffeln und die in allen Varianten: gekocht, als Kartoffelstock oder in gebratenen Scheiben, gerieben und als Küchlein in Fett gebraten (Drainiki, ähnlich der Schweizer Rösti oder rheinischen Kartoffelpuffern).

Traditionell ist das Fleisch immer gut durchgebraten. Man könnte sogar sagen, es ist zäh gebraten und gekocht. Das mag damit zu tun haben, dass man der Fleischbeschau der Veterinäre nicht traut und Salmonellen und Ähnliches fürchtet. Nach meinem Wissensstand ist aber diese Sorge unberechtigt. Das Fleisch ist meist importiert, und an der Grenze finden zuverlässige Kontrollen statt.

Zudem sind die Fleischstücke oft nicht richtig geschnitten: Wie in den meisten Handwerksberufen ist auch die Metzger-Tradition verloren gegangen.

3. Dessert (Tretoje, «Dritte»)
- Torten;
- Blini (Omeletten, oft gefüllt mit Kaviar);
- Eiscreme.

4. Zwischendurch, Häppchen zum Bier
- Wobla: luftgetrockneter Süßwasserfisch, dem zuerst die Schuppenhaut abgezogen werden muss;
- gekochte Krevetten;
- verschiedene Streifen von Trockenfisch;
- schnurförmiger, salziger geräucherter Käse.

3.3.2 Tischsitten

Wie finden Sie das? Sie sind gerade am Hauptgang und verzehren ein schmackhaftes Filetstück an Morchelsauce; Ihr Nachbar aber legt zwischen zwei Gängen eine Rauchpause ein und genießt den Dunst seiner Dunhill. Wer hat hier die höhere Genussberechtigung? Eine dumme Frage? Nicht so in Russland, dem Land der hohen Toleranzgrenze. Dem Durchschnittsrussen kommt es nicht mal in den Sinn zu fragen, ob seine Raucherei störe. Es herrscht eine selbstverständliche absolute Genussgleichberechtigung.

Wohl zu unserem Glück lernen immer mehr Russen westliche Tischsitten kennen und fragen zumindest, ob es störe. Einige wenige sind sogar schon derweit verwestlicht, dass sie verstehen, dass selbst diese Frage unangebracht ist und es als selbstredend gelten sollte, dass am Tisch niemand raucht, bis alle gegessen haben. Auch sollten Sie sich nicht aufregen, wenn Russen vom Tisch gehen und die Teller noch halbvoll sind. Das sind nämlich höfliche, wohlerzogene Russen.

Wenn in Russland jemand zu Gast kommt, dann ist es das Wichtigste, ihn richtig abzufüttern. Der Gast muss mit gefülltem Magen gehen können. Nichts ist peinlicher für eine Gastgeberin als ein Gast, der das Haus nicht mit kugelrundem Bauch verlässt. Um sie zu beruhigen und ihr zu versichern, dass man auch wirklich nicht mehr könne, lässt man als anständiger Gast etwas auf dem Teller.

Herrliche Komödien sind zu erleben, wenn ein ordentlicher deutscher Gast auf eine ordentliche russische Gastgeberin trifft.

Der anständige Deutsche isst natürlich die Mahlzeit fein säuberlich bis zum letzten Speckwürfel auf – ein klares Zeichen für die russische Hausfrau, den Teller neu zu beladen. Da nützt das verängstigte Abwehren des Gastes gar nichts. Das wird nur als unbedeutende Höflichkeitsfloskel abgetan. Der wohlerzogene Deutsche kämpft sich wiederum bis ans bittere Ende durch. Der russischen Hausfrau perlt dabei der Angstschweiß auf der Stirn: Hat's wohl noch genug für die nächste Ladung im Topf?

3.3.3 Getränke

Bei diesem Titel kommt wohl jedem Leser zuerst ein Stichwort in den Sinn: Wodka, das russische Nationalgetränk, mit dem sich die Russen permanent betrinken.

Aber diese Vorstellung ist ein weitgehend ungerechtfertigtes Vorurteil. Russen trinken in der Regel nur bei Festen oder Feierlichkeiten. Dazu gehört der Restaurantbesuch in den Ferien. Weil viele Europäer die Russen nur aus deren Restaurantbesuch in den Ferien im westlichen Ausland kennen, halten sie deren Gelage für den russischen Standard.

Doch zu Hause wird recht wenig Wodka getrunken. Wenn Sie irgendwo unverhofft zu Besuch kommen, muss meist zuerst ein

Familienmitglied in den nächsten Shop rennen, um Wodka zu kaufen, denn er gehört nicht zum üblichen Vorratsbestand.

Umgekehrt ist das Getränk zu wichtig, als dass darüber nicht doch ein paar Worte verloren werden sollten. Beim Wodka kommt es drauf an, dass er gut gereinigt ist. Schlecht gereinigte Wodkasorten oder solche, die nicht aus Getreide, sondern aus Kartoffeln hergestellt sind, verursachen Kopfschmerzen. Leider bekommt man in Westeuropa oft schlechte Marken angeboten. Es empfiehlt sich, auf die russische Herkunft zu achten. In den Export gelangen nach meinen Beobachtungen nur gute Sorten. Von den nichtrussischen Marken ist besonders der schwedische «Absolut» empfehlenswert.

Nach dem goldenen Rezept des Chemikers Mendelejew (1834 – 1907) sollte ein Wodka immer 40 Prozent Alkoholvolumen haben. Selbst bei feierlichen Anlässen bin ich nicht selten einer von wenigen, die Wodka trinken. Oft bevorzugen die Russen Cognac oder Whisky. In letzter Zeit werden auch bei feierlichen Anlässen nicht mehr harte Getränke getrunken, sondern Wein. Allerdings gibt es bis heute keinen ordentlichen russischen Wein. Meist ist er importiert.

An alkoholischen Getränken haben Russen aber nicht nur einfachen Wodka. Es gibt auch Variationen mit Zutaten, zum Beispiel Pfefferwodka, der bei einer aufziehenden Erkältung als schweißtreibendes Heilmittel angepriesen wird, Zitronenwodka und so weiter.

Bei einem Russlandaufenthalt sollten Sie auch einmal eine «Chrenowucha» (Meerrettichschnaps) oder «Medowucha» (Honigschnaps) probieren. Ein leicht süßlicher Likör ist die «Klukovka» (Moosbeerenlikör).

Die verbreitetsten nicht alkoholischen Getränke sind neben Wasser:

- Kwass (aus eingelegtem gesäuertem Brot, eventuell im spätern Gärstadium ganz leicht alkoholhaltig);
- Mors (aus eingelegten Moosbeeren, äußerst vitaminreich);
- Birkensaftgetränk;
- Tomatensaft.

Versuchen Sie mal, eine *Wobla* zu schälen oder eine *Chrenowucha* zu trinken. Ihr russischer Partner wird Sie ins Herz schließen.

3.3.4 Trinksitten

Alkohol alleine zu trinken gilt als verwerflich. Nach meinen Beobachtungen ist das versteckte Trinken alleine zu Hause in Russland weit weniger verbreitet als bei uns. Alkohol trinken ist ein gesellschaftlicher Anlass. Nach alter Sitte sollte man das auch zu zweit nicht tun – es muss mindestens ein Dritter her.

Ist man in Gesellschaft, wird nicht individuell getrunken. Alle Anwesenden heben das Glas gleichzeitig und trinken gemeinsam. Meist ex – bis das Glas leer ist, in einem Zug. Bei gewissen Gelegenheiten gilt es sogar als unhöflich, das Glas nicht in einem Zug fertig auszutrinken – wenn man zum Beispiel auf eine seriöse, ernsthafte Sache trinkt, wie die Gesundheit eines kranken Menschen oder bei einer Hochzeitsfeier auf das Glück des jungen Paares.

Gemeinsam trinken tut man nicht einfach so: Unbedingt muss jemand zuvor einen Trinkspruch (auf Russisch: Tost) aussprechen.

Obwohl ich mittlerweile schon 25 Jahre in Russland wohne, bin ich noch immer nicht auf den Geschmack gekommen, die großen Wodkagläser in einem Zug vollständig zu leeren. Ich trinke ein kleines Schlückchen und stelle das Glas wieder ab.

Das bringt es aber mit sich, dass ich schneller als die Russen wieder «Durst» habe. Da sitze ich dann und muss warten, bis jemand einen Trinkspruch sagt. Natürlich kann ich aufstehen und selbst einen Trinkspruch sagen. Aber das geht auch nicht unendlich.

Aus Gründen der Höflichkeit müssen bestimmte Reihenfolgen eingehalten werden. In der Regel spricht zuerst der Hausherr einen Willkommenstoast, nachher der ranghöchste Gast auf das Wohl der Gastgeber. Der dritte Trinkspruch wird auf das Wohl der Gastgeberin oder die Frauen im Allgemeinen getrunken. Das ist der beliebteste *Tost*. Jeder versucht, als Dritter an die Reihe zu kommen.

29

Der Umstand, dass man nicht einfach alleine sein Glas nehmen und etwas trinken kann, wenn einem danach ist, hat einen gewaltigen Nachteil: Je größer die Gesellschaft und je später der Abend, desto eher finden sich in immer kürzeren Abständen Trinkwillige. Die Trinksprüche und die Pausen dazwischen werden zusehends kürzer – und jeder muss mittrinken, ob er will oder nicht. Deshalb wird bei größeren Festivitäten meist ein «Tamada» erkoren. Das ist der Festvorsitzende. Trinksprüche dürfen nur auf seine Aufforderung hin gesprochen werden. Er bestimmt, wer wann spricht – und reguliert damit die verabreichte Alkoholdosis. Das ist eine traditionsreiche Praxis, die wohl aus Rom über Byzanz auf Russland gekommen sein mag.

Früher musste bei solchen Gelegenheiten jedermann unbedingt Alkohol trinken: Die Männer hatten dabei im Wesentlichen die Wahl zwischen Wodka und Cognac, die Frauen konnten auch Champagner trinken. Wehe, wenn einer versuchte, nicht auszutrinken oder nur zu nippen und den Rest in die Blumenvase zu gießen oder gar sein Glas mit Wasser anstatt Wodka zu füllen – wenn er ertappt wurde, bekam der Betrüger die Missachtung und den Zorn der ganzen Gesellschaft zu spüren, schlimmer als wenn er das Tafelsilber gestohlen hätte.

Heute wird das nicht mehr so eng gesehen, vor allem in den Großstädten oder bei jungen Unternehmern. In der Provinz und in Kreisen der alten Garde beachten Sie aber mit Vorteil die alten Regeln.

Die Trinkbeschränkung auf den Trinkspruch gilt selbstverständlich nur für Alkohol. Auf dem Tisch stehen immer Wasser, Limonaden und Fruchtsaftgetränke, die immer getrunken werden können.

Nachdem man das Alkoholglas abgestellt hat, muss unbedingt ein *Sakuski* gegessen werden, irgendein Häppchen, das auf dem Tisch steht. Wenn Sie das nicht tun, werden Sie als kulturloser, kranker Alkoholiker betrachtet. Zum Trinken muss unbedingt gegessen werden – meist etwas Fettiges.

Übrigens beginnt das Trinken von hochprozentigem Alkohol schon mit der Vorspeise, während bei uns der Schnaps meist erst zum Dessert serviert wird. Ein feierliches Essen beginnt mit dem ersten Trinkspruch, dem ersten Glas Wodka und dem darauf folgenden *Sakuski*. Und dann wiederholt sich das in regelmäßigen Abständen bis zur Verabschiedung. Hier als Beispiele einige Trinksprüche, *Tosts*:

- Lasst uns trinken auf das höchste und erhabenste aller Gefühle, welche das Leben eines jeden Menschen verschönert und die Menschheit im Ganzen stärkt – ich denke, Sie haben's erraten: auf die Liebe!

- Zwei Hähne streiten sich im Hof. Einer ging als Sieger hervor und war mächtig stolz darauf. Er flog aufs Dach, begann laut seinen Mut und seine Stärke zu rühmen. Er tat das laut und lauter, aus vollem Hals. Da flog ein Adler vorbei, packte ihn und flog mit der Beute davon.
Lasst uns darauf trinken, dass Stärke und Bescheidenheit immer in Freundschaft miteinander leben!

- Seine Gläubiger bedrängten den Weisen Iskandar: Wenn er nicht sofort die Schulden begleiche, so müsse er sterben. Der aber antwortete ihnen: «Betet alle dafür, dass ich so lange lebe, bis ich die Schulden zurückbezahlt habe.» Da gingen die Gläubiger in sich und sagten: «Allah wird unser Gebet erhören!»
Da freute sich Iskandar: «Das heißt, ich werde wohl nie sterben?»
Lasst uns darauf trinken, dass unsere Gläubiger bei Gott für uns ein langes Leben erbitten!

- Lasst uns trinken auf die Allerschönsten, die Intelligentesten, die Galantesten, die Allerliebsten: Kurzum, auf uns hier Versammelten!

- Ein Schakal kam zum Löwen und forderte ihn zum Zweikampf auf. Der Löwe zeigte keine Reaktion und schenkte ihm keine Beachtung. Da drohte der Schakal: Ich werde allen erzählen, dass der Löwe mich fürchte. Ruhig drehte der König der Tiere den Kopf und sagte: Sollen die Bewohner des Dschungels mich für einen Feigling halten; das ist mir noch immer viel lieber, als dass ich mir nachsagen lassen muss, ich hätte mich mit einem Schakal eingelassen.

Trinken wir darauf, dass wir die Stärke haben, nie auf die Vorschläge unwürdiger Kreaturen einzugehen!

Bereiten Sie sich darauf vor, einen Trinkspruch sagen zu müssen.

3.4 Demokratie und Staatsaufbau

3.4.1 Autoritätsgläubigkeit

In Russland liebt man klare Hierarchien (Wer ist oben, wer ist unten?). Entsprechend das Verhalten.

Zar Peter der Große schuf 1722 in einer Rangtabelle den Dienstadel für Beamte und Offiziere in 14 Abstufungen. Das war für den autokratischen Staat eine bahnbrechende Reform. Allerdings hat der damit verbundene Geist im Wesentlichen alle Reformen und Revolutionen überstanden.

Überflüssige Diskussionen schaffen nur Chaos. Man ist froh, wenn von oben klare Anweisungen kommen. Im Gegenzug geschieht auch wenig aus Eigeninitiative: Man wartet auf Anweisungen – und das überall, am Arbeitsplatz, sowohl in der staatlichen Verwaltung als auch in der Privatwirtschaft, im Militärdienst, ja sogar in der Reisegruppe: Überall gibt's in Kürze einen «Ältesten», von dem man die Kommandos erwartet.

3.4.2 Staatsgläubigkeit

Eine Folge des kollektivistischen Denkens ist der Glaube an die Gemeinschaft («Zusammen sind wir stark»). Interessant ist dabei, dass dieser Kollektivismus meistens staatsbezogen ist. (Bei uns äußert sich der Kollektivismus anders, nämlich in der gesellschaftlichen Gruppenbildung: Wir gründen Vereine, politische Parteien oder andere Interessengruppen). Zwar gibt es die informellen Seilschaften, die sich meist namenlos und personenbezogen auf einen «Leithammel» hin orientieren, aber als solche benannte und formell strukturierte Interessengruppen gibt es kaum. Solche Organisationen sind in aller Regel vom Staat eingesetzt:

Treibende Kräfte einer Parteigründung – wie zum Beispiel die jetzige Regierungspartei «Einheit», die rund drei Monate vor den Dumawahlen gegründet wurde – sind kremlnahe Strukturen und nicht etwa aus einer Zivilgesellschaft herausgewachsene Interessengruppen.

Der Fokus des Denkens geht auf den Staat: Das Wir-Gefühl orientiert sich am Staat. Das Trachten geht darauf, im Staat eine Rolle zu spielen. Man darf privatwirtschaftlichen Geschäftserfolg haben – aber der Geschäftsmann muss sich streng den staatlichen und politischen Interessen unterordnen. Wehe, wollte er seine Finanzkraft dazu nutzen, um auf die Kremlführung Einfluss zu nehmen! Das goutiert nicht nur der Kreml nicht, auch die meisten Bürger halten das für unangebracht.

Als der Leiter der Präsidentenadministration Pawel Borodin in den späten Neunzigerjahren für teueres Geld die Kremlsäle prunkvoll umbauen ließ – zu einer Zeit, als noch viele Russen in der Nähe und unter der Armutsgrenze lebten, ergab eine Umfrage, dass der größte Teil der Bevölkerung hinter dieser Entscheidung stand: «Der Staat muss glänzen – auch wenn es uns schlecht geht.»

Der Staat ist aber auch verantwortlich für die Organisation des ganzen Lebens, dafür, dass der Hauseingang und das Treppenhaus im eigenen Wohnblock sauber gehalten werden. Flaschen und Papiereinkaufstaschen darf man problemlos auf die Straße werfen, denn der Staat hat einen Reinigungsdienst zu organisieren.

Derzeit (Sommer 2007) ist eine Kampagne im Gange, um die Ungerechtigkeiten der falsch gelaufenen Privatisierung auszubügeln: Das sogenannt raubprivatisierte Geld des zerschlagenen JUKOS-Konzerns soll zum staatlichen Wohnungsbau verwendet werden: Große wissenschaftliche Institute beschäftigen sich mit nichts anderem als der Frage der Katalogisierung der Bauten. Zunächst werden Kriterien für die Katalogisierung erarbeitet. Die folgende Begriffskatalogisierung macht das deutlich (sie ist von mir zur Illustration erfunden. Derzeit ist noch der Disput um die Abstufungsbegriffe im Gange):

- nicht renovationsbedürftig
- leicht renovationsbedürftig
- renovationsbedürftig
- sehr renovationsbedürftig
- äußerst renovationsbedürftig
- abbruchreif

Der Staat soll künftig nach «streng wissenschaftlichen» Kriterien die Renovationen subventionieren. Dass das meiste Geld vermutlich für die wissenschaftstheoretische Grundlagenforschung zu den Renovationsbegriffen draufgehen wird, ist nicht so wichtig. Hauptsache ist: Der Staat kümmert sich um das Problem.

3.4.3 Wirtschaft und Staat

Ein Zentrum der liberalen Staatsidee besteht in der strengen Trennung zwischen Staat und Wirtschaft. Der «Nachtwächterstaat» hat nur die Aufgabe, Ruhe und Ordnung zu gewährleisten. Er soll sich auf keinen Fall in das Marktgeschehen einmischen, denn er verzerrt damit das Gleichgewicht.

Wenn wir auch heute vom Glauben an diese Extremposition abgekommen sind (auch übermächtige private Marktteilnehmer können dieses Erfolg versprechende Gleichgewicht stören), so sind wir doch noch immer von der Richtigkeit des Prinzips der Marktwirtschaft überzeugt – zwar mit sozialen Sicherungen, in einer sozialen Marktwirtschaft, wo der Staat zum Erhalt von gleichen Grundlagen korrigierend eingreift, jedoch nicht selbst zur Gewinnmaximierung mitmischt. Wir halten noch immer dafür, dass der Staat im Spiel der Marktkräfte nicht als Mitspieler auftreten soll. Das wird zwar hie und da durch kommunale Betriebe unterlaufen, die private Unternehmungen mit ihren Leistungen konkurrieren, wird aber in Mitteleuropa eher als Ausnahme angesehen.

Was allerdings bei uns als «Ausrutscher» passiert, ist in Russland Bestandteil des Systems. Der Staat ist als Marktteilnehmer omnipräsent, zum Teil offen, direkt und unverhohlen, beispielsweise in den unitären Unternehmungen. Die gehören einer staatlichen Organisation und werden offiziell von Staatsangestellten geführt. Das kann ein Baugeschäft oder eine Gärtnerei sein, die ihre Dienstleistungen und Erzeugnisse auf dem Markt anbietet. Das kann ein sogenannt «natürliches Monopol» sein, wie etwa die RAO ES, der staatliche Konzern der Stromwirtschaft. (Was da «natürlich» dran sein soll, ist mir zwar schleierhaft, jedoch die russische Rechtsdoktrin hält an diesem Begriff fest).

Meist aber treten die staatlichen Strukturen versteckt im Mantel der Privatwirtschaft auf. Das sind Gesellschaften, die sich in eine Rechtsform des Privatrechts kleiden, als GmbH, offene oder geschlossene Aktiengesellschaft, wo der Hauptaktionär aber eine vom Staat kontrollierte Struktur ist.

In einigen Strukturen ist das noch offen und klar erkennbar; zum Beispiel beim Riesenkoloss GASPROM, der allmächtigen Gas- und Erdölgesellschaft. Im Volksmund wird behauptet, GASPROM sei ein Staat im Staate und eigentlich müssten deren Mitarbeiter einen GASPROM-Pass erhalten. Seit Anfang Juli dürfen GASPROM und der Pipeline-Betreiber Transneft sogar eigene bewaffnete Sicherheitseinheiten aufstellen.

Der Mutterkonzern selbst gehört zu 50 Prozent direkt dem russischen Staat, und rund 30 Prozent gehören russischen juristischen Personen, die wohl zum großen Teil ihrerseits auch wieder den Staat als Haupt- oder großen Aktionär haben. GASPROM hat eine große Anzahl Tochtergesellschaften. Diese sind meist noch als Tochtergesellschaften erkennbar und haben das Firmenlogo mit dem «G» und der Flamme im Firmensignet. Die Töchter der Töchter und deren

Töchter- und Enkelfirmen können jedoch nicht mehr auf die «Urur-großmutter» GASPROM zurückgeführt werden. Sie heißen dann auch zum Beispiel KITA-M, KUKU-T oder was sonst noch einem fantasielosen Beamten in den Kopf kommen kann.

Obwohl in keiner Weise mehr als staatlich beherrschte Firma erkennbar, gehören doch eine große Zahl der Aktiengesellschaften und GmbHs zu dieser vertikalen staatlichen Firmenstruktur. Allerdings – das Geld verdienen nicht die Aktionäre, das Geld verdienen die Exekutivdirektoren. Deren Geschäftsführung ist meist dergestalt, dass die Firma knapp in der Gewinnzone bleibt. Sie schließen Verträge mit Firmen von Freunden und Verwandten so ab, damit sich die großen Gewinne dort akkumulieren. Der Hauptaktionär, also der Staat, bestimmt in der Regel nur, wem diese Pfründe eines Exekutivdirektors zugewiesen wird.

Über die Personalpolitik hält der Staat alle Kader der von ihm kontrollierten «privaten» Gesellschaften an der Kandare. Das garantiert Stabilität.

Da beispielsweise ein Großteil, wenn nicht sogar die Mehrzahl der Firmen in Moskau zur sogenannten «Moskau AG» (so wird die Stadtverwaltung etwa genannt) gehört, kann man davon ausgehen, dass auch ein Großteil der Kader in der formellen «Privatwirtschaft» der staatlichen vertikalen Hierarchie unterstellt ist.

Als mich ein westlicher Generalunternehmer fragte, ob ich ihm nicht eine große Baufirma empfehlen könnte, die schnell und zuverlässig baue, musste ich ihn enttäuschen: Es gibt keine solche, die man russlandweit empfehlen kann. In jeder Region gibt es andere Baufirmen, die als die optimalsten für diese Region zu gelten haben. Jede regionale Regierungsadministration hat eine besonders gehätschelte Baufirma. Diese gehört meist zur nähern Umgebung des amtierenden Gouverneurs und beschäftigt als Berater Freunde und Verwandte von höheren Chefbeamten.

Während alle andern Firmen monatelang auf eine Anschlussbewilligung ans Stromnetz warten, kann die besagte in wenigen Tagen damit rechnen. Dasselbe gilt beim Feuerschutz, der Kanalisationsbewilligung, der Bauetappenabnahme und so weiter.

Die reichste Frau Russlands, die als Multimilliardärin eingestuft wird, ist Frau Baturina. Frau Baturina ist die Ehefrau des Bürgermeisters von Moskau, Herrn Luschkow. Wie man sieht, hat der Herr Bürgermeister, der von einem kleinen Beamtensalär leben muss, mit der Wahl einer dermaßen tüchtigen Ehefrau enorm Glück gehabt.

Aber auch sie hat offenbar Glück gehabt, wie mir einer ihrer engen Mitarbeiter sagte: «Wissen Sie, in allen administrativen Belangen profitieren wir von sehr kurzen Entscheidungswegen.»

Wer in der Schweiz die personelle Zusammensetzung des Verwaltungsrates (Aufsichtsrates) von großen Firmen unter die Lupe nimmt, wird erstaunt sein, wie viel (ehemalige) Politiker und Chefbeamte sich dort einfinden. Genauso ist das in Russland: Hauptaktionare und CEOs großer Firmen sind oft ehemalige Finanzminister, Handelsminister, Fernmeldeminister und Ähnliches.

Ein gutes Beziehungsnetz in Politik und Staatsverwaltung ist geradezu die Grundvoraussetzung für Erfolg in Beruf und Geschäft. Diese Grundweisheit ist rundum bekannt. Deshalb arbeiten junge Leute – die nicht schon in ein solches Beziehungsnetz hineingeboren wurden – oft jahrelang in unterbezahlten Beamtenstellungen. Eine junge mir bekannte Juristin arbeitet für rund 300 Euro pro Monat im Gesundheitsministerium. Letzthin schlug sie ein Angebot aus der Privatwirtschaft für 2000 Euro aus – obwohl sie mit dem jetzigen Lohn sogar am Essen sparen muss. Aber sie verfolgt ein klares Lebensziel: Ich möchte nach einigen Jahren freiberuflich tätig werden und mich auf die Lizenzierung von Medikamenten und Medizinalgeräten spezialisieren. Dazu muss ich nicht nur alle internen Verfahrensabläufe im Ministerium kennen, sondern vor allem die Personen.

3.4.4 Beamtenstaat

Als Folge der allgemeinen Staatsgläubigkeit regelt der Staat alles bis ins Kleinste hinein. Selbstverständlich gibt es dermaßen viele Regelungen, dass niemand sie alle kennen kann. Während der liebe Gott noch mit insgesamt zehn Geboten auskam, so genügen dem russischen Staat hunderttausende nicht. Jeden Tag gibt es Hunderte von neuen Regelungen, meist auf unterster Verordnungsebene erlassen und nirgends publiziert. Diese Vorschriften sind meist nur demjenigen bekannt, der sie erlassen hat – vielleicht noch seinen engsten Freunden in der benachbarten Amtsstube.

Das gibt den Beamten eine enorme Macht. Sie sind die einzig Allwissenden, die hoheitlich auftreten und dem Bürger abverlangen können, was immer ihnen in den Sinn kommt.

Ich wurde auf der Strecke St. Petersburg–Moskau inmitten von kilometerlangem Niemandsland von einem Polizisten aufgehalten. Geschwindigkeitsüberschreitung. Auf meine Beteuerung, ich sei nicht über der auf Überlandstraßen erlaubten Höchstgeschwindigkeit von 90 km/h gefahren, meinte er, dass er das auch nicht behauptet habe. Ich sei jedenfalls schneller als 40 gefahren – und das sei die Höchstgeschwindigkeit auf der von mir eben befahrenen lang gezogenen Kurve.

Ich darauf: Da habe keine Tafel mit einer entsprechenden Geschwindigkeitsbeschränkung gestanden. Er: Ja, das stimme, die sei im Rahmen der letzten Ausbesserungsarbeiten abhanden gekommen. Aber das tue nichts zur Sache. Das wisse doch jeder, dass hier 40 gelten würden.

Sich bei der höheren Instanz zu beschweren macht keinen Sinn. Das Gefüge ist fest zementiert. Die einen glauben, es sei vor allem Kollegensolidarität, die es übergeordneten Instanzen «menschlich» unmöglich mache, einen Untergebenen zu desavouieren, indem man ihn dadurch, dass man einer Beschwerde stattgebe, offiziell der nicht gesetzeskonformen Amtsführung bezichtige.

Böse Zungen und solche, die es besser wissen müssen, behaupten hingegen, dass es noch einen anderen Grund gebe: Die unteren Beamten, die Frontsoldaten, würden in der Regel von ihrem Nebenerwerb einen ordentlichen Teil nach «oben» abgeben. Auch das zementiere die Solidarität.

Jedenfalls muss selbst der Verfassungsgeber zur Überzeugung gekommen sein, dass amtsinterne Beschwerden in der Regel nichts nützen. Nach der russischen Verfassung ist garantiert, dass jede amtliche Entscheidung direkt vors Gericht gebracht werden kann. Ich hätte also durchaus das Recht gehabt, in dieser Einöde ein zuständiges Gericht zu suchen und den Fall mit der Buße dort anhängig machen können.

Die Geschichte des russischen Beamtenstaates begann im 17. Jahrhundert. Peter der Große (1672–1725) reformierte die Staatsverwaltung. Er suchte nach Mitteln, die Vorherrschaft der Lokalfürsten – der Bojaren – zu brechen und die Macht zu zentralisieren. Eine der Methoden war, die Hauptstadt zu verlegen. Er baute in die nördlichen Sümpfe eine neue Stadt, St. Petersburg.

Den Erbadel entmachtete er dadurch, dass er eine neue Verwaltungsstruktur aufbaute, eine nur vom Zaren abhängige, vertikale Hierarchie von beamteten Dienstleuten – die persönlich kein Gefolge hatten und jederzeit abgesetzt werden konnten. Die Hierarchie war preußischen Strukturen nachgebildet und in einer strikten Rangordnung systematisch festgeschrieben (*Tabula Rangow*, siehe auch Seite 32).

Ein Problem allerdings hatte er mit der Überstülpung dieser neuen Organisationsstruktur: Die Dienstleute konnten nicht auf ein finanzielles Polster der Familie zurückgreifen, sie hatten in der Regel keine gesicherten Einkünfte. Aus der Staatskasse konnte Peter aber seine Beamten nicht bezahlen. Diese war mit dem Städte- und Flottenbau sowie der Kriegsfinanzierung mehr als ausgelastet.

Das Motto war: Jeder Beamte finanziere sich selbst im Rahmen der ihm gegebenen Kompetenzen. Er lasse sich seine Verwaltungstätigkeit für den Zaren durch die von ihm verwaltete Bürgerschaft direkt bezahlen. Festgeschriebene Verwaltungsgebühren gab es dabei nicht. Die Gebührenhöhe bestimmte sich in der Regel nach der Wichtigkeit der Entscheidung für den Bürger. Es lag am Bürger, die Höhe des Entgeltes vorzuschlagen. Je höher der Rang, desto höher das Entgelt. In Gogols «Der Revisor» lesen wir, weshalb ein Beamter entlassen wurde: «Er hat zu viel genommen für seinen Rang.»

Dieses Verwaltungsprinzip des nicht – oder nur symbolisch – bezahlten Beamten hat alle Epochen der russischen Geschichte überstanden und darf heute noch als ein ehernes, ungeschriebenes Gesetz verstanden werden, das die gesamte Verwaltungsstruktur und auch das Verfahren bestimmt. Zum Wesen dieses Beamtenstaates gehören zwei Elemente:

- Der Beamte vertritt nicht in erster Linie die Staatsinteressen, sondern seine persönlichen; der Staat bezahlt ihn ja nicht – er muss sich alles selbst «verdienen».

- Der Beamte muss nicht nur seinen Status erhalten, er möchte in der Hierarchie aufsteigen, denn je höher der Rang, desto mehr darf er nehmen.

Daraus folgt: Aus Karrieregründen wird er sich immer nach oben hin loyal verhalten. Ja, er erwartet nicht nur Befehle von oben – sein Verhalten ist auch geprägt von vorauseilendem Gehorsam. Er antizipiert die Wünsche seines Vorgesetzten und handelt danach. Wenn er das Gefühl hat, seinem Vorgesetzten könnte es gefallen, einen bestimmten Ölkonzern zu zerschlagen, so tut er das und wartet nicht auf den Befehl von oben. Es ist also falsch zu glauben, der Präsident habe immer dies oder jenes befohlen. Ich kann mir sogar vorstellen, dass hie und da Beamte die Wünsche des Chefs falsch interpretieren.

Im Großen und Ganzen aber ging die Rechnung von Peter dem Großen auf: Diese Beamtenschaft schaffte Stabilität, und sie orientierte sich an ihm. Die Beamtenschaft ist eine sichere Klientel – und heute auch Wählerschaft. Der Beamte weiß genau, wie abhängig er von den Spitzen der Administration ist. In Dankbarkeit für diese Loyalität erhält er auch einen gewissen Freiraum, in welchem er sein Amt für persönliche Interessen benutzen darf.

Ich habe früher hie und da in meiner Kritik an der jetzigen Verwaltungsstruktur vorgeschlagen, man müsste den Apparat um ein Vielfaches verkleinern, dafür aber die verbleibenden Beamten gut und ordentlich bezahlen. Als Antwort bekam ich meist zu hören: «Hast du nicht gesehen, wie unersättlich die russische Seele ist? Sei überzeugt: Man kann die Beamten zahlen, wie man will – sie werden weiterhin ihr Amt als Privatschatulle betrachten.»

3.5 Frömmigkeit und Aberglaube

3.5.1 Transzendenz

Der Hang zum Übernatürlichen ist ein fester Bestandteil der russischen Seele. Der Russe sieht überall Zeichen und Einflüsse aus dem Jenseits.

Jedermann ist immer und überall sofort bereit, Fragen über Gott und die Vorsehung zu diskutieren. Ich kenne keinen Russen, der nicht fest davon überzeugt ist, dass in seinem Haus der «Domovoi», der Hausgeist, zum Rechten schaue.

Von Hexen und Geistern handeln auch viele Erzählungen berühmter Dichter. Wahrsager und Wunderheiler gibt es in jedem Dorf.

Als im Jahre 2001 das internationale Strichcodesystem zur Warenbezeichnung eingeführt werden sollte, gab es einen wahren Sturm dagegen. In verschiedenen Anwendungen kommt nämlich die Zahlenkombination «666» vor. Und – wie jedes Kind weiß: Das ist die Zahl des Teufels. Die angeregte Debatte hatte weite Teile der Bevölkerung sowie auch Regierung, Parlament und Verwaltung beschäftigt. Kreise der russisch-orthodoxen Kirche waren federführend an der Kampagne gegen die Einführung des Strichcodesystems beteiligt.

3.5.2 Religiosität

Der Hang zum Übernatürlichen, diese allgegenwärtige Hinwendung zum Jenseits äußert sich nicht nur im weit verbreiteten Aberglauben. Eine Folge ist auch der Drang, Richtlinien für die Gestaltung und Organisation des eigenen Lebens aus dem Jenseits zu beziehen. Russland war wohl für die Einführung des Atheismus denkbar ungeeignet. Im Grunde genommen wurden durch die Oktoberrevolution die Heiligenbilder, die Ikonen, durch die Porträts der Parteivorsitzenden ersetzt. Sie wurden an dieselben Nägel in dieselben Ecken der Wohnzimmer gehängt.

Wie Bibelverse hat man die Beschlüsse der Parteitage auswendig gelernt und die Schriften Lenins nahmen die gleichen Ehrenplätze in der Bibliothek ein wie vorher die heilige Schrift. Aber zur Sicherheit bekreuzigte man sich doch noch heimlich und ließ sich und die Kinder taufen.

Auch diese Dualität des Richtlinienbezugs ist meines Erachtens ziemlich typisch für die russische Gesellschaft. Man glaubt zwar an die Moralvorschriften der christlichen Religion und an den einzigen Gott, der allein zuständig ist. Dass aber daneben problemlos auch der *Domovoi*, der Hausgeist, seine Existenz hat, ist nicht unvereinbar. Schließlich ist da ja auch noch der Teufel, der überall seine «666» unterbringen will. Und damit man's allen recht macht und niemanden verärgert, hält jeder christlich getaufte Russe in Burjätien auch an den Dämonengrenzterritorien an, spritzt etwas Wodka über die Schulter in alle vier Himmelsrichtungen und auch noch etwas auf die Kühlerhaube – damit die Fahrt unfallfrei weitergehe.

Die «Massleniza», der heidnische Brauch der Wintervertreibung, wird nicht weniger als Weihnachten gefeiert. In einigen Gebieten Russlands, zum Beispiel Mari El, gibt es auch noch die Jasitschnizis, die Heiden, die an alle Flurgötter glauben, die Sonne und das Feuer anbeten.

In Russland gibt es viele verschiedene Religionen, die im Großen und Ganzen konfliktlos miteinander leben. Genaue Statistiken gibt es nicht, Schätzwerte gemäß Umfragen bewegen sich etwa um folgende Ziffern:

Religionsgemeinschaft	Anzahl	Prozentsatz
Russisch-orthodoxe (rechtgläubige)	80 000 000	53,0
Protestanten	1 500 000	1,0
Altgläubige	1 500 000	1,0
Katholiken	1 000 000	0,7
Muslime	9 000 000	6,0
Buddhisten	550 000	0,4
Streng organisierte Sekten	300 000	0,2
Juden	50 000	0,03
Übrige, unbestimmt, «weiß nicht»	6 000 000	4,0
Atheisten	50 000 000	33,0

3.5.3 Die russisch-orthodoxe Kirche

Rund die Hälfte der Russen bezeichnet sich als «rechtgläubig» – so nennen sich die Anhänger der russisch-orthodoxen Kirche.

Eine Abspaltung davon sind die *Altgläubigen*: Sie hatten sich den Reformen widersetzt, als Peter der Große nicht nur den russischen Staat, sondern auch die Kirche neu strukturierte. Die russisch-orthodoxe Kirche war damals demokratisch auf Gemeindeebene organisiert. Wie der Zar, der vor Peter dem Großen regierte, hatte auch der Patriarch keine absolutistische Macht über die lokalen Kirchenorganisationen, weshalb Peter im Zuge der *Nikonianischen Reformen* ein streng zentralistisches Führungssystem durchsetzte. Im Gegensatz zur Reformation in Westeuropa, wo man die kirchlichen Missstände von der Basis her bekämpfte, erfolgte die Neustrukturierung der orthodoxen Kirche von der Spitze her, indem die Zentralmacht auf Kosten der Gemeinden gestärkt wurde. Zum Reformkonzept gehörte unter anderem die Lockerung der Sitten.

Als äußeres Zeichen, die Reformen zu akzeptieren, galt die Art zu schwören. Ursprünglich erhob man zum Schwur zwei Finger. Die

Reform aber verlangte drei Finger. Wer weiterhin nur zwei Finger hob, gab sich als Reformgegner zu erkennen und wurde verfolgt. Um zu entkommen, flohen die Altgläubigen in die entlegenen Weiten und Wälder Sibiriens, wo sie der lange Arm des Zaren nicht mehr erreichen konnte. Hier findet man bis heute Kolonien von Altgläubigen, die ihre Traditionen bewahrt haben, indem sie asketisch leben, keinen Alkohol trinken und sehr arbeitsam sind.

Wie in der russischen Bürokratie scheint auch in der Kirche die Einhaltung von Formalismen eine zentrale Bedeutung zu haben. Wichtig sind Äußerlichkeiten:

Als sich der frischgebackene neugläubige Staatspräsident Putin einmal falsch bekreuzigte, von links nach rechts anstatt von rechts nach links, wie sich das für einen ordentlichen Christenmenschen gehört, ging ein großes Raunen durch die russisch-rechtgläubige Welt.

Wenn Sie sich nach Trost und christlicher Nächstenliebe sehnen, dann ist Ihnen als Frau unbedingt davon abzuraten, dies bei einem Gotteshausbesuch ohne langen Rock und Kopftuch zu tun. Möglich, dass der barmherzige Gott Ihnen das durchgehen lassen würde – keinesfalls aber die vergrämten und bissigen Hutzelweiber, die die Kircheneingänge wie Höllenhunde bewachen und jedermann harsch zurechtweisen, der sich irgendeines Formfehlers schuldig macht.

Bei vielen Jugendlichen ist es wieder durchaus «in», rechtgläubige Formen zu wahren: Geht man an einer Kirche vorbei, verneigt und bekreuzigt man sich, vor einer Prüfung oder bei irgendwelchen anderen Notwendigkeiten geht man sich in der Kirche Gottes Beistand einkaufen. In jeder Kirche gibt es einen Kiosktisch, bei dem man nebst Heiligenbildern, Postkartenikonen und anderen gesegneten Glaubensutensilien auch Wachskerzen kaufen kann.

Wer keinen besonders guten direkten Draht zum Herrgott hat, der nimmt sich die Dienste eines Vermittlers. Dieser geht dann beim Chef für seinen Klienten um die Regelung der fraglichen Angelegenheit bitten. Und das tut er für eine an russischen Verhältnissen gemessen lächerlich kleine Provision: eine Wachskerze. Die gekauften Kerzen stellt man vor die Ikone desjenigen Heiligen zum Abbrennen auf, dem man am meisten traut.

Ähnlich wie Zauberformeln gibt es auch für jede Lebenssituation und jeden Unterstützungsbedarf bestimmte im Wortlaut fixierte Gebete. Inwieweit der Herrgott bei Textversprechern oder Aussprachefehlern Gnade walten lässt und Bitten trotz Wortlautfehlern erhört, entzieht sich meiner Kenntnis. Sogar die Restaurants und Fabrikkantinen richten sich auf gottgewollte Regeln ein. Während der Fastenzeiten wird in vielen Restaurants ein Fastenmenü angeboten: ohne Fisch, Fleisch und Butter.

Wie tief verwurzelt Religion und der Glaube an das Überirdische ist, habe ich recht früh bei meiner Ankunft in Russland 1982 verstehen gelernt. Obwohl damals die offizielle Staatsreligion noch der Atheismus in Verbund mit Marxismus-Leninismus war, hörte man immer wieder hinter verhohlener Hand, dass der Herrgott die Kommunisten nicht liebe.

Zum Beweis wurde meist das Freiluft-Schwimmbassin «Moskwa» hinter dem Kreml angeführt. Dort stand vor der Oktoberrevolution nämlich einmal eine wunderschöne Kathedrale. Stalin aber wollte die Übermacht der kommunistischen Partei dadurch demonstrieren, dass er die Kirche sprengen ließ, um an deren Stelle eine gigantische Parteizentrale aufzubauen.

Aber irgendwie hat ingenieurtechnisch etwas nicht geklappt. Das Erdreich am Flussufer der Moskwa spielte nicht mit. Das Fundament sank immer wieder ein. Schließlich gab man den Plan des Baus der Parteizentrale auf und machte aus der Baugrube ein Freiluftbassin.

Als 1991 der Machtwechsel stattfand, wussten die neuen «Demokraten», was ihr größter Trumpf gegen die Kommunisten ist: Gott steht auf ihrer Seite. Zum Beweis dafür begannen sie als Erstes trotz leerer Staatskasse damit, die gesprengte Erlöserkathedrale wieder aufzubauen – und wie zu erwarten war: Das Fundament hielt. In diese erste Großbaustelle des nachkommunistischen Russland wurde alles investiert, was irgendwo aufzutreiben war; vor allem wohl auch in das Fundament – denn irgendwo muss der Beton geblieben sein, der gemäß Bauabrechnung bezahlt wurde, nach Kubaturen über dem Boden aber nur etwa zu 20 Prozent erscheint.

Nicht erst mit diesem Bau deutete sich die erste neue Verbandelung zwischen dem Staat und der rechtgläubigen Kirche an. Schon die kommunistischen Gottesleugner erkannten das Führungspotenzial der Rechtgläubigen.

Für die oberste Leitung des Atheistenstaates gab es spezielle, handgefertigte Limousinen, die «SIL». Diese schwarzen Staatskarossen waren nur dem obersten Gremium des Zentralkomitees der Kommunistischen Partei, dem Politbüro, vorbehalten. Allerdings gab es noch ein graues Sonderexemplar: Das gehörte dem obersten Hirten der Rechtgläubigen, dem Patriarchen von ganz Russland.

So wie vom Konzern GASPROM behauptet wird, er sei ein Staat im Staat, kann das heute mit Fug und Recht auch wieder von der rechtgläubigen Kirche behauptet werden. Es wäre politischer Selbstmord für jeden Staatsmann, sich offen gegen die Interessen der Kirche zu stellen. Und die sind nicht unbedingt bescheiden.

Spenden an die Kirche werden von der Wirtschaft in größerem Umfang getätigt, allerdings nicht nur deshalb, weil die Firmen besonders tiefgläubig wären. Gerne sichert man sich die Liebe der Kirche und deren Hort und Schutz (vor staatlichen und andern Übergriffen). Auch ausländische Firmen fühlen sich oft sicherer im Schutze der Kirche als in der Betreuung durch die Steuerberater von Price Waterhouse.

Diese mitunter etwas zu offensichtliche Verbandelung mit der Staatsmacht und deren Verwaltungsapparat ist aber auch eine Gefahr für die Kirche: Junge Leute suchen zwar die Nähe zu Gott und den eventuell übrigen Mächten des Jenseits – trauen aber der Organisation der Rechtgläubigen nicht mehr so recht.

Die Abwanderung erfolgt in alle Himmelsrichtungen: zu Mormonen, Adventisten, Christlichen Wissenschaftern, Hare Krishna und wie sie alle heißen. Der Markt der Religionen blüht und gedeiht mit riesigen Wachstumsraten.

Trotz der oben geschilderten Problematik ist festzuhalten, dass die russisch-orthodoxe Kirche die eigentliche Trägerin der traditionellen russischen Kultur ist, wie es sich ja auch in den fantastischen Liturgien und in den russischen Kirchengebäuden zeigt. Zudem erbringt sie heute enorme Leistungen, um die wunderschönen Gotteshäuser wieder instand zu stellen, nachdem sie während der Sowjetzeit zerstört oder als Lagerschuppen missbraucht worden waren.

3.5.4 Aberglaube

Mehr oder weniger abergläubisch sind ja wohl die meisten von uns: Viele fühlen sich unwohl im Hotelzimmer Nr. 13, vor allem wenn einem gerade eben eine schwarze Katze über den Weg gelaufen ist. Und wer freut sich nicht über den vollen Geldbeutel, wenn er das erste Mal im Jahr den Kuckuck rufen hört? Ich kann mir jedoch nicht vorstellen, dass es noch eine andere kultivierte Industrienation gibt, wo es dermaßen viele solcher Regeln und Weisheiten gibt. Vor allem aber, wo noch so viele gut ausgebildete Menschen daran glauben …

Im Internet können allein auf einer Website über 800 Stichworte gefunden werden, bei denen es pro Stichwort Dutzende von Regeln haben kann. Hier nur einige der wichtigsten Regeln, an die auch Sie sich in der russischen Praxis halten sollten, um Ihre Partner nicht zu erschrecken.

- *Begrüßung oder Verabschiedung unter dem Türrahmen:* Versuchen Sie nie, jemandem unter dem Türrahmen zu Begrüßung oder Verabschiedung die Hand zu reichen. Er wird Sie entsetzt anschauen und die Hand reflexartig zurückziehen.
- *Auf den Fuß getreten:* Wenn Sie jemandem aus Versehen auf den Fuß getreten sind, ist Zähne zusammenbeißen angesagt. Gleich wird der andere Ihnen auf den Fuß treten – aus Freundschaft, damit die guten Beziehungen weiter bestehen.

- *Zigarette an der brennenden Kerze anzünden:* Strengstens verboten. Falls Sie das tun, müssen sieben (!) Matrosen sterben. Ihretwegen! Obwohl Sie das Kerzenfeuer gleich auf dem Tisch zur Verfügung hätten, müssen Sie unter Umständen ins Nachbarhaus gehen, um Streichhölzer zu erbitten, damit Sie Ihre Zigarette anzünden können.

Mit der Wetterprognose haben die Russen kein Problem: Wie der nächste Winter oder der nächste Sommer wird, was uns im nächsten Monat und in der nächsten Saison erwartet, das ist alles streng geregelt und es gibt jede Menge Anzeichen dafür (Etwas schwieriger wird es mit der konkreten Prognose für den nächsten Tag):

- Gibt es im Frühling viele Spinnweben, wird der Sommer heiß.
- Gibt es im Spätherbst viele Mücken, wird der Winter mild.
- Je früher im Mai die Birkenblätter sprießen, umso wärmer wird der Sommer.
- Viel Regen im März – ein verregneter Sommer.
- Wenn die Traubenkirsche (auch «Faulbeerbaum», russ. «Tscherjomucha») blüht, wird's kalt.

In vielen Lebenssituationen sind klare Winke des Schicksals zu erkennen, dass ein Unglück naht, zum Beispiel die über den Weg laufende schwarze Katze, die auch bei uns an so viel Leid und Gram schuld ist. In Russland aber gibt es zum Glück immer ein Rezept, wie man das Unglück abwenden kann.

Bei der schwarzen Katze ist das relativ einfach: Sie müssen mit der Hand den Knopf des Mantels oder des Hemdes halten und dreimal über die linke Schulter spucken. Damit haben Sie das Unglück ausgetrickst. Auf Schritt und Tritt finden Sie in Russland andererseits Orte, die Glück bringen: Jedermann hat einen Geheimtipp, wo es eine Quelle gibt, aus der ganz besonders gesundes Wasser mit einmaliger Heilqualität sprudelt. Oft fahren die Russen kilometerweit, um mit Kanistern von einer solchen Quelle Wasser zu holen.

Glückspender finden Sie bei allen möglichen Gelegenheiten. Um nur einige Beispiele aus dem Stadtzentrum Moskaus zu geben:

- Unmittelbar vor dem Eingang zum Roten Platz finden Sie auf dem Straßenpflaster eine Windrose. Das ist der Kilometer «null». Von hier aus sind alle Kilometerentfernungen des russischen Straßennetzes berechnet. Hier gilt es, eine Münze über den Nullpunkt zu werfen. Besonders glücksfördernd ist es, wenn Sie sich mit dem Rücken zum Nullpunkt stellen und die Münze über den Rücken werfen.

- Rund 200 m westlich vom Nullpunkt befindet sich der Kaskadenbrunnen beim Manegeplatz. Dort ist das Glück etwas einfacher und garantierter zu haben, weil man nur eine Münze hineinzuwerfen braucht, ohne zu zielen.

- Billiger, nämlich ohne Münze, lässt sich das Glück etwa 200 m östlich des Nullpunkts beschaffen: Die Metrostation «Revolutionsplatz» ist mit Skulpturen aus Bronze geschmückt, die revolutionäre Themen darstellen. Alle sind schon dunkelbraun oxydiert. Nur die Schnauze eines Hundes glänzt zufolge dauernden Abriebs im ursprünglichen Bronzegold: Wer immer daran vorbeigeht und sich nach etwas Glück sehnt, berührt mit der Hand diese Hundeschnauze.

Ich kann mir nicht vorstellen, dass es Russen gibt, die nicht schon bei einer Wahrsagerin waren. Ich kenne einen bekannten Politiker, der regelmäßig zur Wahrsagerin geht, um sich beraten zu lassen. Oft tun das sogar sonst nüchterne Geschäftsleute.

Auch Wunderheiler finden sich an jeder Straßenecke. Machen Sie die Probe aufs Exempel. Erzählen Sie in einer Runde auch gut ausgebildeter, seriöser, intellektuell begabter Personen von einem physischen Leiden, von einer Krankheit, die Sie plagt. Ich garantiere Ihnen: Man wird Ihnen mindestens so viel Wunderheiler, Pendler, Schamanen und Hypnotiseure empfehlen wie Chirurgen oder Internisten.

Vor Kurzem hatte ich ein Problem mit dem linken Ohr. Die Eustachische Röhre war entzündet. Deshalb hörte ich links schlecht und bat meinen Nachbarn zur Linken, Wirtschaftswissenschafter und Berater der Regierung in internationalen Abkommen, etwas lauter zu sprechen. Anstatt lauter zu sprechen, nahm er sein Handy und rief einen Wunderheiler an, der auf Distanz heilen kann. Er schilderte ihm den Fall und reichte mir sein Handy, damit ich mir per Telefon die Beschwörungsformeln anhöre. Allerdings musste ich nach dem Telefongespräch meinen Nachbarn zur Linken trotzdem nochmals bitten, etwas lauter zu sprechen …

Volksweisheiten werden in innovativer Weise auch neu kreiert und erfasst. Es ist zum Beispiel derzeit relativ leicht, mögliche Kandidaten für die Präsidentennachfolge nach Putin auszuschließen: Es gibt nämlich eine Regel, die besagt, dass sich für das höchste Staatsamt in Russland Vollhaarige mit Schwachhaarigen abwechseln. Der nächste Präsident hat bestimmt eine wallende Mähne:

Amtszeit	vollhaarig	schwachhaarig
1918–1922		Wladimir Lenin
1922–1953	Josef Stalin	
1953–1964		Nikita Chruschtschow
1964–1982	Leonid Breschnew	
1982–1984		Juri Andropow
1984–1985	Konstantin Tschernenko	
1985–1991		Michail Gorbatschow
1991–2000	Boris Jelzin	
2000–(2008?)		Wladimir Putin

Wenn ein Geschäftspartner Ihnen erzählt, dass er sich gestern mit seinem verstorben Großvater unterhalten habe, halten Sie ihn nicht für bescheuert.
Permanente Kontakte zum Jenseits sind ein eherner Bestandteil des russischen Lebens.

4. Der «typische» Russe

In einer der Film-Episoden um das Raumschiff «Enterprise» spricht ihr Kapitän Jean-Luc Picard die Worte: «Jemand hat mir mal gesagt, die Zeit würde uns wie ein Raubtier ein Leben lang verfolgen. Ich möchte viel lieber glauben, dass die Zeit unser Gefährte ist, der uns auf unserer Reise begleitet und uns daran erinnert, jeden Moment zu genießen, denn er wird nicht wiederkommen. Was wir hinterlassen, ist nicht so wichtig wie die Art, wie wir gelebt haben. Denn letztlich sind wir alle nur sterblich.»

Diese schöne Umschreibung des Verhältnisses des Menschen zur Zeit hätte auch ein Russe vornehmen können.

Und wie zur Ergänzung hat der englische Dramatiker Somerset Maugham (1874–1965) beobachtet: «Der Vorteil der Russen gegenüber uns ist der, dass sie weit weniger Sklaven von Bedingungen und Gepflogenheiten sind als wir: Dem Russen kommt es nie in den Sinn, etwas zu tun, was ihm nicht gefällt, nur deshalb, weil das so Sitte und Gebrauch ist. Der Russe genießt weit mehr persönliche Freiheit als der Engländer. Er kleidet sich unabhängig von sozialen Attributen: Der Künstler kann in Zylinder und steifem Kragen daherkommen und der Advokat im Sombrero. Und auch wenn er einen gewissen Hang zur Angeberei hat, versucht er nie jemand zu sein, der er nicht ist. Er regt sich nicht auf über Ansichten, die er nicht teilt. Er kann mit Ruhe und Geduld exzentrisches Verhalten und extreme Ansichten von anderen entgegennehmen» (Tagebucheintrag von 1917).

Damit kommen wir zur dritten Typisierung. Oblomow, diese

Romanfigur des Schriftstellers Iwan Gontscharow (1812–1891) ist durch einen Charakter gekennzeichnet, der als typisch für viele Russen gelten kann: Begabt und gebildet macht er sich vom gemütlichen Sofa aus Gedanken zur Verbesserung der Situation. Alles bleibt aber im Stadium von Idee und Theorie. Eine Umsetzung in die Praxis folgt nicht. Er bleibt untätig.

Ich bin mir bewusst, wie gefährlich «Typisierungen» sind. Obwohl man vom typischen Deutschen sagt, er sei fleißig und ordentlich, kenne ich einige Individuen, denen man diesbezüglich wohl die deutsche Staatsbürgerschaft absprechen müsste. Oder der zuverlässige, pünktliche, freiheitsliebende und aufrecht demokratische Schweizer – auch hier ärgere ich mich häufig über pflichtvergessene und unzuverlässige Gesellen, duckmäuserische und kriecherische Charaktere, die meine Bundesgenossen sein sollen.

So verhält es sich selbstverständlich auch mit den Russinnen und Russen. Was ich im Folgenden als «typisch» schildere, beruht im Wesentlichen auf meinen Beobachtungen, die selbstverständlich niemals eine statistische Richtigkeit haben können. Ich habe von den 150 Millionen Russinnen und Russen nicht mal den Zehntel eines Promilles persönlich getroffen. Zu jeder Aussage wird man Hunderte von Gegenbeispielen anführen können.

In unseren Augen eher negativ anmutende Charakterbeschreibungen beziehen sich auch meist auf eine Vergleichsgröße. Verglichen wird bei solchen Aussagen nicht mit einem real erfassten Durchschnittscharakter eines anderen Volkes, sondern mit einem imaginären Idealtyp. Aber sie geben trotzdem etwas weiter, nämlich die vorsichtige Anmutung von kollektiven Eigenschaften, die ein Land, ein Volk oder eine Ethnie durch Klima, Wirtschaft, Politik und Traditionen angenommen hat.

Lassen wir uns also auf den Versuch ein.

4.1 Selbstdarstellung im Witz

Wilhelm Busch hat einmal gesagt: «Was man ernst meint, sagt man am besten im Spaß.» In dieselbe Richtung geht das russische Sprichwort: «In jedem Witz steckt ein Körnchen Witz.» Witze über nationale Eigenschaften gibt es wohl in jedem Land. Wenn wir einen Witz hören, der mit «Treffen sich ein Amerikaner, ein Franzose und ein Deutscher ...» anfängt, können wir sicher sein, dass sich in ihm auch nationale Stereotypen spiegeln werden. An Deutschen wird ihr Ingenieurwissen und ihr Sinn für Gehorsam wahrgenommen, bei Schweizern eine gewisse Schläue, gepaart mit kantonaler Kleingeistigkeit.

Und bei Russen? Der Russe ist – im Selbstbild – meist der tollpatschige Einfaltspinsel, der seinen Vorteil nicht wahrzunehmen weiß, der die Sache schief und dumm anfasst oder sich selbst im Weg steht. Einige Beispiele:

Exkursion in die Hölle. Dort gibt es drei Gruben: Die eine ist rundherum mit einem Kordon von schwer bewaffneten Teufeln bewacht. Am Rande der zweiten Grube steht nur ein unbewaffneter Wachteufel. Die dritte ist gänzlich unbewacht. Auf die Frage, woher die Unterschiede in der Aufsicht rühren, antwortet der Oberteufel:

In der ersten Grube befinden sich die Juden. Die versuchen alle gleichzeitig herauszukommen. Und wenn's einer schafft, hilft er sofort allen andern und zieht sie mit nach oben.

In der zweiten schmoren die Deutschen: Wenn einer an den Rand kommt, sagt ihm der Wachhabende nur, dass das verboten sei. Der Deutsche geht wieder hinunter und instruiert alle anderen.

In der dritten sind die Russen. Wenn einer rauswill, zerren ihn die anderen gemeinsam wieder hinunter.

Todesurteile. Ein Amerikaner, ein Franzose und ein Russe werden zum Tode verurteilt. Die Verurteilten dürfen die Todesart selbst wählen: Erschießen, Strang oder Guillotine.

Zuerst geht der Amerikaner. Man hört Schüsse und sieht ihn nicht wieder. – Dann geht der Franzose. Nach einer Weile wird er zurückgeführt. Im Vorbeigehen flüstert er dem Russen zu: «Die Guillotine funktioniert nicht!» – Dann wird der Russe abgeholt. Auf die Frage nach der Wahl seiner Todesart antwortet er: «Erschießen – die Guillotine funktioniert ja nicht!»

Tunnel bauen. Zwischen Frankreich und England soll ein weiterer Tunnel unter dem Ärmelkanal gebaut werden. Im Ausschreibungsverfahren treffen drei Angebote ein:

Die Amerikaner schlagen einen Tunnelvorstoß von beiden Seiten vor. Bauzeit zwei Jahre und eine Treffergenauigkeit beim Zusammentreffen von 15 Metern.

Dasselbe die Japaner: Bauzeit ein Jahr und Treffergenauigkeit fünf Meter.

Der Vertreter aus Russland: «Wir werden von beiden Seiten her graben, vier Monate – aber dass wir uns in der Mitte treffen, garantieren wir nicht. Was soll's, da haben Sie halt zwei Tunnel.»

Schiffsunglück. Nach einem Schiffsunglück stranden ein Franzose, ein Engländer und ein Russe auf einer einsamen Insel. Sie ernähren sich vom Fischfang. Eines Tages geht ihnen ein Zauber-Goldfisch ins Netz. Für die Freilassung verspricht er, jedem einen Wunsch zu erfüllen.

Der Franzose: «Ich möchte zurück nach Frankreich.» Schwupps – und er ist weg.

Der Engländer: «Ich möchte zurück nach England.» Schwupps – und er ist weg.

Der Russe: «Das ist ja langweilig so alleine hier. Hol mir die beiden anderen wieder zurück.» Schwupps – und sie waren wieder zu dritt.

Zehn Jahre Knast. Ein Holländer, ein Franzose und ein Russe werden zu je zehn Jahren Gefängnis verurteilt. Jeder darf etwas in die Zelle mitnehmen.

Der Franzose will eine Frau.

Der Holländer will ein Telefon.

Der Russe will zwei Päckchen Zigaretten.

Nach zehn Jahren werden sie heraus gelassen:

Der Franzose ist umringt von einer liebenden Frau und zehn Kinderchen.

Der Holländer ist dick und zum Millionär geworden.

Der Russe kommt raus und fragt: «Hat jemand vielleicht Streichhölzer?»

Wetten. Engländer, Franzosen und Russen schließen eine Wette ab, wer es länger in einer Tiefkühlkammer aushält.

Die Engländer nehmen Whisky und Spielkarten mit – nach einem Tag aber kriechen sie schlotternd heraus.

Die Franzosen versorgen sich mit Wein und Frauen – und halten es zwei Tage aus.

Die Russen nehmen Selbstgebrannten und «Sakuski» (Häppchen) mit.

Es vergeht eine Woche, zwei Wochen. Die anderen vermuten schon, dass sie erfroren seien, und einer öffnet die Tür. Da schlägt ihm der Russe die Faust ins Gesicht und schließt die Tür wieder. Draußen hört man folgendes Gespräch aus dem Innern der Kühlkammer: «Wanja, wieso hast du das getan?» – «Jetzt ist es hier doch so schon kalt genug – und da öffnet dieser Trottel noch die Tür!»

4.2 Individualismus kontra Kollektivismus

Ich bin in der Schweiz aufgewachsen, in einer Umgebung, wo man der individuellen Entfaltung eine hohe Wertschätzung entgegenbringt. Das Wohl und die Entfaltung des Einzelnen sind die Grundidee unserer Verfassung. Der Staat hat im Wesentlichen die Aufgabe, die Rahmenbedingungen dafür zu schaffen, dass der Einzelne ein glückliches Leben führen kann. Die Größe und das Ansehen des Staates sind dem Durchschnittsschweizer in der Regel schnuppe.

Anders in Russland: Ich staune immer wieder darüber, wie idealistisch, ja träumerisch die Russen ihr Verhältnis zum Staat und der Gemeinschaft sehen. Der Grundtenor ließe sich folgendermaßen umschreiben: «Was ist schon mein Leben: ein Nichts! Groß sind wir nur in der Gemeinschaft. Mit meinem Leben möchte ich etwas zur Größe Russlands beitragen.»

Hie und da werden Sie invalide Bettler antreffen, Kriegsveteranen, denen in Afghanistan oder Tschetschenien im Kriegseinsatz ein Bein oder ein Arm weggeschossen wurde. Die staatliche Rente aber reicht nicht für die medizinische Betreuung und Bestreitung des Lebensunterhalts. Sie müssen betteln und tun das in der Armeeuniform.

Es ist schlicht unvorstellbar, dass ein Schweizer, der in der Armee zum Krüppel geschossen und nachher vom Staat so schmählich im Stiche gelassen wurde, diese Uniform, dieses staatliche «Ehrenkleid», nochmals freiwillig anziehen würde. Verbrennen und verfluchen würde er es.

Nicht so der Russe: Er ist stolz auf das Opfer, das er für die Größe Russlands erbracht hat. «Mein Leben ist unwichtig: Wichtig ist die Größe Russlands.»

«Tja, so ein Initiativling, Individualist, ein Einzelgänger und Besserwisser» ist die Charakterisierung, die einer meiner Bekannten vornimmt, wenn er einen anderen in einem möglichst schlechten Licht darstellen will.

Russen werden Sie wenig als Individualtouristen treffen: Sie lieben es, in der Gruppe, im Kollektiv zu reisen. Von der Masse abweichende Meinungen zu haben ist nicht populär.

Klar gegen den Strom zu schwimmen wird nicht als mutig, sondern als eigenbrötlerisch angesehen. Allerdings hat man eine hohe

Toleranzgrenze. Man lässt den anderen mit seiner Meinung leben – aber ein komischer Kauz ist er halt schon.

4.3. Zwei Gesichter: privat und öffentlich

Wenn Sie in großen Städten durch die Strassen gehen, wird Ihnen eins auffallen: Viele Russen machen verhärmte, harte, abweisende Gesichter. Freundliche, offene Gesichter, denen die Kontaktfreudigkeit aus den Augen springt – wie man das etwa in New York sehen kann –, sind in Russland auf der Straße eine Seltenheit. Auch der Umgangston mit Unbekannten ist forsch und abweisend (außer Sie sind deutlich als Ausländer zu erkennen).

Wenn Sie am Telefon falsch verbunden werden, so liegt das in der Regel nicht an Ihnen, weil Sie sich verwählt hätten, sondern weil das Telefonnetz fehlerhaft funktioniert. Trotzdem werden Sie meist rabautzig abgekanzelt: «Sie haben sich verwählt.»

Rechnen Sie nicht damit, dass ein Auto hält, wenn Sie die Straße überqueren wollen, auch nicht auf dem Fußgängerstreifen.

Selbst in ländlichen Gegenden werden Sie als Fremder bei einer zufälligen Begegnung mit einem anderen Fußgänger auf einem abgelegenen Weg nicht gegrüßt. Man geht stumm aneinander vorbei.

Dass im Einkaufsmagazin nach dem Bezahlen Danke gesagt wird, ist relativ neu – und auch nur den Verkäuferinnen in größeren Ladenketten eintrainiert.

Gegenüber fremden Personen sind die Russen zunächst skeptisch, ja geradezu abweisend. Sieht man Ihnen allerdings an, dass Sie ein Ausländer aus dem Westen sind, so erhalten Sie in der Regel einen Vertrauensvorschuss und werden bevorzugt behandelt.

Sobald Sie jedoch nähere Bekanntschaft in einer privaten Atmosphäre gemacht haben, ist dieselbe Person, die vorher so unhöflich abweisend war, wie ein umgekehrter Handschuh: gastfreundlich, hilfsbereit, zuvorkommend, liebenswürdig und herzlich.

Darum gilt im Geschäftsleben als oberste Vorsichtsregel: Trauen

Sie keinem Russen, der Sie sofort offenherzig angeht. In der Regel will der gezielt etwas von Ihnen – und eindeutig nicht zum Besten für Sie. Vorsicht ist geboten, wenn jemand Ihr Vertrauen durch spontane Offenheit erschleichen will. Das ist untypisch in Russland, und dabei sollte bei jedem Ausländer sofort der innere Warnblinker aufleuchten.

Nehmen Sie es nicht persönlich, wenn Sie zunächst kühl und abweisend behandelt werden. Beim nächsten Treffen wird das anders sein – da sind Sie schon fast ein alter Bekannter.

4.4 Männer und Frauen

In seinem Werk «Also sprach Zarathustra» lässt Friedrich Nietzsche Zarathustra sprechen: «Der Mann soll zum Kriege erzogen werden und das Weib zur Erholung des Kriegers.»

Ich kann es mir nicht anders vorstellen, als dass Russinnen und Russen dem großen Philosophen Modell gestanden haben müssen. Im Folgenden werfen wir also einen Blick auf den Stand des Geschlechterkampfes in Russland.

Zum Thema Männer und Frauen gibt's in Russland eine ganze Serie von Witzen, die besser als alle theoretischen Erörterungen das Verhältnis beschreiben. Ein Protagonist dieser Witze ist Porutschik (Rittmeister) Rschewski.

Rschewski ist ein typisch russischer Muschik: direkt und grobschlächtig, immer ohne Umwege frontal aufs Ziel zusteuernd. In der Art der Husaren versucht er sich in Galanterie, die jedoch immer ins Kraut schießt. Er trifft jeweils auf Natascha Rostowa, eine edle Dame der Oberschicht, wohlerzogen, feinfühlig, gebildet und weit entfernt von jeglichen unreinen Gedanken.

Reisen. Porutschik Rschewski und und sein Kadett reisen im Zug von St. Petersburg nach Moskau. Im Abteil sitzt auch Natascha Rostowa. Sie kommen ins Gespräch, und Rschewski fragt Natascha: «Wo wohnen Sie? In St. Petersburg oder in Moskau?»

«Ich reise so oft zwischen den beiden Städten, ich weiß schon kaum mehr, wo. Ich möchte fast sagen, mit einem Bein in St. Petersburg, mit dem anderen in Moskau.»

Da meint der junge Kadett: «Wie gerne möchte ich doch in Balagoje wohnen.» (Balagoje ist eine kleine Bahnstation in der Mitte zwischen St. Petersburg und Moskau.)

Worauf sich Rschewski an seinen Kadetten wendet: «Och, das lohnt sich nicht. Ich war schon dort. Das ist nur ein ödes, trockenes Loch.»

Charme. Porutschik Rschewski betritt den Ballsaal. Er geht auf Natascha Rostowa zu, die in der Saalmitte steht und ihm den Rücken zugewandt hat: «Natascha, jetzt muss ich Ihnen eine Geschichte erzählen, da fallen Ihnen die Brüste runter.»

Diese dreht sich um – und einen Blick auf ihr Dekolleté werfend, fährt Rschewski fort: «Oh, ich sehe, jemand hat Ihnen offenbar die Geschichte schon erzählt.»

Nicht nur die Witze um Porutschik Rschewski, auch die Nationenvergleichswitze zeichnen dasselbe Bild:

Haushalt. Eine Französin, eine Deutsche und eine Russin unterhalten sich über ihre häusliche Situation.

Sagt die Französin: «Also letzthin habe ich meinem Mann gesagt, dass ich es satthabe, dauernd für ihn zu kochen. Daraufhin habe ich ihn drei Tage nicht mehr gesehen. Am vierten kam er jedoch zurück und brachte mir eine fantastische Küchenmaschine mit, die praktisch alles von alleine macht.»

Sagt die Deutsche: «Auch ich habe meinem Mann eröffnet, dass ich es leid bin, ihm dauernd die dreckige Wäsche zu waschen. Darauf habe ich ihn vier Tage nicht mehr gesehen. Am fünften jedoch kam er zurück und brachte mir die modernste Waschmaschine mit integriertem Trockner mit.»

Sagt die Russin: «Nachdem ich meinem Mann erklärt habe, dass ich aufhören werde, dauernd den Dreck hinter ihm aufzuräumen, habe ich ihn auch zehn Tage nicht mehr gesehen. Erst am elften Tage öffnete sich ein Auge langsam wieder!»

Betrug. Fragt ein Engländer seine Frau: «Sag mal ehrlich, liebe Margret, hast du mich in unsern Ehejahren je betrogen?»

«Lieber John, hast du letztes Jahr nicht meinen neuen Nerzmantel gesehen? Hast du ihn mir etwa geschenkt?»

Fragt der Franzose seine Jeanne dasselbe. Antwortet: «Lieber Auguste, was meinst du, woher mein neuer Citroën stammt, an den du mir keinen Franc gegeben hast?»

Fragt ebenso der Russe seine Mascha. «Lieber Fedja, erinnerst du dich, wie letzten Winter deine Filzstiefel verschwunden sind?»

Die russischen Frauen sind wirklich emanzipiert. Sie sind sehr tüchtig und die Stütze der Gesellschaft. Sie sind sehr selbstständig und selbstbewusst. Gleichwohl versuchen sie nicht, sich wie Männer zu benehmen. Sie sind stolz auf ihre Fraulichkeit und zeigen das auch. Haben sie äußere weibliche Vorzüge, so präsentieren sie diese gerne und mit Stolz. Allerdings liegt die Bürde des Haushalts und der Kindererziehung meist allein auf den Schultern der Frauen – obwohl sie wie die Männer zur Arbeit gehen.

Die Männer sind oft ungehobelt, schlecht erzogen und verwöhnt. Viele führen das auf die Nachkriegssituation zurück, wo Männer ausgesprochene Mangelware waren. Man hat sie verhätschelt und verzogen. In ihrer Erziehung war es eine Selbstverständlichkeit, dass Mutter und Schwestern alle Arbeiten erledigten.

Das Benehmen der Männer gegenüber Frauen ist oft wenig einfühlsam, ja gar rüpelhaft und ungehobelt. Das ist auch ein Grund, wieso russische Frauen oft Ausländer als Partner bevorzugen.

4.5 Sitten und Benehmen

Andere Länder, andere Sitten. Wir regen uns auf, wenn sich andere Leute nicht so benehmen, wie sie sollten. Dabei vergessen wir oft, dass Leute aus einem andern Kulturkreis sich für «ihre» Verhältnisse richtig benehmen – dass bei ihnen andere Regeln gelten. So ist es umgekehrt ebenso, dass wir uns in den Augen der anderen «falsch» benehmen. Ein paar Beispiele für Benehmen, das in Russland üblich ist, bei uns jedoch Anstoß erregt:

- Bei der Begrüßung oder Verabschiedung wird zwar die Hand gegeben, jedoch nicht in die Augen geschaut.
- Am Tisch wird geraucht, während die anderen noch essen.
- Während einer Konferenz telefoniert der Konferenzpartner mit dem Handy.
- Teller werden nicht leer gegessen, auch nicht am schwedischen Buffet.

Umgekehrt gibt es Verhaltensweisen, mit denen Westeuropäer sich in Russland daneben benehmen.

- In einer Privatwohnung werden die Straßenschuhe nicht ausgezogen.
- Einer Frau wird die Hand zur Begrüßung oder Verabschiedung hingestreckt. (Die Frau muss dazu die Initiative ergreifen. Allerdings haben sich die Frauen in den Großstädten schon an diese «Unsitte» der Ausländer gewöhnt und sehen ihnen das nach.)

Auffallend für mich ist immer wieder die unverblümte, direkte Offenheit der Russen. Dort, wo in Mittel- und Westeuropa eine Bitte oder eine indirekte Aufforderung den eigenen Wunsch mildert, steuert man in Russland direkt auf sein Ziel zu. Wo der Engländer fragt: «Glauben Sie nicht, man sollte das Fenster schließen?», sagt der Russe: «Schließen Sie das Fenster.»

Daneben treffen Sie überall auch auf Gewohnheiten, die uns unverständlich erscheinen, ihren Grund aber in nicht allzu lange verblichener Zeit haben. Tauschhandel zum Beispiel ist eine überlebenswichtige Form des Handels in einer Mangelgesellschaft, und die Sowjetunion war eine. Seine Regeln und Sitten erhalten sich, selbst wenn die Voraussetzungen nicht mehr gegeben sind. Je tiefer Sie in der Provinz sind, desto verbreiteter ist der Tauschhandel. Wer ein Stück Land kaufen will und dem Gemeindepräsidenten vorschlägt, neben einer kleinen Kaufsumme noch eine Schneefräse aus Deutschland zu schenken, bekommt das Grundstück weit billiger als durch reinen Kauf.

Oder: In den WCs finden Sie oft neben der Toilettenschüssel einen Plastikeimer, in welchen einige nach gemachtem Geschäft das benutzte Papier hineinwerfen. Woher kommt das? Früher gab es kein weiches Toilettenpapier. Man benutzte zerschnittenes Zeitungspapier – oder bestenfalls hartes Rollenpapier, welches das Wasser schlecht aufsog und sich deshalb nie im WC hinunterspülen ließ. Man warf es in den daneben bereitstehenden Korb. Zwar wird heute überall weiches, saugfähiges und leicht hinunterspülbares Toilettenpapier verwendet – die Tradition jedoch ist in Russland beständig.

Wenn Sie das schlechte Benehmen der Russen tadeln: Bedenken Sie, dass auch Sie vielerorts der Ausländer sind, der aus Unwissenheit ins Fettnäpfchen tritt.

4.6 Großzügigkeit und Toleranz

Russland ist seit Hunderten von Jahren ein Vielvölkerstaat mit verschiedenen Sprachen und Religionen. Das hat trotz aller autokratischer Herrschaft der jeweiligen Regierungssysteme nicht unmerkliche Spuren hinterlassen. Die Toleranzgrenze gegenüber Andersartigem ist bemerkenswert hoch. Man respektiert Meinungen, die der eigenen diametral entgegenstehen.

In der Vorbesprechung für eine Rede vor größerem Publikum meinte ich zum Veranstalter, dass ich mich – damals besaß ich die russische Staatsbürgerschaft noch nicht – scheue, als Ausländer offen und unverhohlen meine Meinung zur mangelhaften russischen Verwaltungs- und Staatsorganisation zu sagen.

Der Chef einer regierungsnahen Organisation meinte zu mir, dass ich nur keine Hemmungen haben und Kritik in voller Offenheit üben solle. So verhielt ich mich auch. Im Anschluss an meine Rede standen die über tausend Zuhörer geschlossen auf und applaudierten lange. Ich möchte sehen, was in der Schweiz passiert wäre, wenn ein Deutscher vor Schweizer Publikum in gleicher Weise den Filz von Politik und Wirtschaft in der Schweiz angeprangert hätte.

Ebenso verblüfft die Rücksicht, mit der andere kulturelle Formen akzeptiert werden. Im Jahr 1983, zu einer Zeit, als Begriffe wie «Persönlichkeitsrecht», «Religionsfreiheit» oder «Schutz der Privatsphäre» noch völlig unbekannt waren, hatte ich ein bemerkenswertes Erlebnis. Ich unternahm mit mehreren ausländischen Geschäftsleuten, die beim Staatskomitee für Wissenschaft und Technik akkreditiert waren, eine Reise in die muslimischen Zentralasiatischen Republiken der Sowjetunion.

Chef unserer Reisegruppe war der Leiter der Auslandsabteilung des Staatskomitees, Herr Belikow, ein Mann im Rang eines Obersten des KGB. Dank seiner Position konnte er uns immer wieder vor übereifrigen Beamten schützen.

Als ich einmal Aufnahmen des Flughafens in Taschkent machte und dabei von einem Sicherheitsbeamten ertappt wurde, bedeutete Belikow diesem, er solle verschwinden; was da zu sehen sei, hätte keine militärische Bedeutung.

Einmal fotografierte ich einen Schuster, der in seinem wunderschönen orientalischen Kleid wie aus Tausendundeiner Nacht auf der Straße seinem Handwerk nachging. Als dieser sich darüber aufregte, erteilte mir Belikow sofort eine Rüge:« Wissen Sie nicht, dass es im Islam ein Bildnisverbot gibt? Gläubige Muslime lassen sich nicht gern fotografieren. Sie haben diesen Mann mit diesem Verhalten verletzt!» Ich musste Belikow versprechen, das Foto zu vernichten.

Wohl in dasselbe Kapitel wie diese Toleranz und der Respekt vor dem Andersartigen gehört die Großzügigkeit. Russen sind alles andere als kleinlich. Die «großzügige russische Seele» *(schedraja russkaja Duscha)* ist geradezu ein Markenbegriff. Mangel an Großzügigkeit bedeutet das Aus in jeder Gruppe. Kleinlichkeit und Geiz sind wohl die verabscheuungswürdigsten Charaktermerkmale, die ein Mensch nach russischer Ansicht haben kann.

So ist es zum Beispiel üblich und normal, dass ein Unbekannter Sie um eine Zigarette bittet. Das fragen nicht nur Bettler, das können auch Sie problemlos und ohne jeglichen Gesichtsverlust von jedermann erbitten. Sollten Sie umgekehrt darum gebeten werden und keine geben, obwohl Sie eine haben, verlieren Sie das Gesicht vor allen Beobachtern der Szene.

Individuelle Abrechnungen im Restaurant – wie sie bei uns üblich sind – sind in Russland unbekannt. Meist bezahlt einer die Zeche für die ganze Runde. In letzter Zeit hat sich auch eingebürgert, dass die Bedienung das Total nennt und dann alle Männer sich die Summe zu gleichen Teilen aufteilen und jeder seinen Anteil in die Tischmitte legt. Eine Kellnerin berichtet mir, dass sich diese Sitte auch bei Ausländern langsam einbürgere; nur ziehe sie bei dieser Art der Rechnungsbegleichung eindeutig die Russen vor: Das Total bei einer «russischen» Sammlung liege in der Regel weit über den üblicherweise miteingeschlossenen zehn Prozent Trinkgeld. Bei Ausländern fehle aber nicht selten sogar noch ein Teil zur Rechnungssumme ohne Trinkgeld.

Frauen sind in aller Regel eingeladen; sie sollen im Restaurant nicht bezahlen. Ganz selten bestehen jüngere Frauen, die längere Zeit im Ausland gewohnt haben, darauf, ebenfalls ihren Teil beisteuern zu dürfen – das ist aber die Ausnahme und widerspricht der traditionellen russischen Etikette.

Zahlen Sie in russischer Gesellschaft im Restaurant nie nur für sich. Zahlen Sie besser gar nichts und überlassen es einem anderen.

4.7 Prestige, Überheblichkeit und Minderwertigkeits-komplexe

Geheimer Vorteil. Kommt einer zu seinem neuen Freund aus dem Golfclub zu Besuch. Er tritt ins Haus ein und bemerkt, dass alles ordentlich schön und teuer ist – aber die Räume sind klein: Gleich unmittelbar nach der Garderobe folgt das kleine Entree, und vom Türabstand zu schließen können auch die nächsten Räume nicht besonders groß sein.

«Da warst du doch wohl etwas knauserig in der Raumbemessung, hast gespart?!»

«Sei nicht voreilig in deinen Schlüssen: Warte mal, bis wir aus dem Lift ausgestiegen sind.»

Englandbesuch. «Wie war's in England? Hast du mit deinem Englisch Probleme gehabt?»

«Nein, ich nicht – aber die Engländer.»

In privaten oder staatlichen öffentlichen Gebäuden ist die Fassade das wichtigste. Zufahrt und Eingang können nicht prunkvoll genug sein. Nicht zufällig stammt der überall bekannte Begriff für reine Fassadendörfer, wo nichts dahinter steht, aus Russland: Die Potemkinschen (ausgesprochen *Patjomkinschen*) Dörfer, benannt nach dem Grafen Grigori Potemkin (1739–1791), der angeblich anlässlich einer Inspektion der russischen Zarin Katharina II. entlang des Weges Dörfer aus bemalten Kulissen errichten ließ, um Prosperität vorzutauschen. Der Hang nach schönen Fassaden, Äußerlichkeiten, Prunk und Prestige ist enorm.

Kommen Sie auf keinen Fall in einem günstigen, vernünftigen Mittelklassewagen zu einer Geschäftsbesprechung – das ist Ihr geschäftliches Todesurteil. Lassen Sie Ihr Auto einige Häuserblocks weiter stehen und sagen Sie, Sie hätten den Fahrer mit Ihrem «Jaguar» wegen eines Staus wieder nach Hause geschickt.

Schon zu Sowjetzeiten gab es allerhand solcher Prestigeobjekte, die man unbedingt zeigen wollte: Das waren zum Beispiel leere westliche Aluminium-Bierdosen.

Nur wenige Personen mit besonderen Verbindungen zur kremlnahen Elite und Devisen-Ausländer hatten Zugang zu solchem Bier. Der Besitz einer leeren Dose ließ doch immerhin vermuten, dass der Eigentümer Zugang zu jemandem hatte, der es sich leisten konnte, ausgetrunkene leere Bierdosen zu verschenken. Sammlungen von leeren Bierdosen oder westlichen Cognac- oder Likör-Flaschen fanden sich meist hinter den Glasvitrinen des Stubenbuffets.

Uhren sind schon längst nicht mehr ein Instrument zur Zeitanzeige. Uhren haben groß, mit möglichst viel Gold und brillantenbesetzt zu sein – und natürlich von einer Edelmarke.

Über ihren übertriebenen Hang zum Großen und Pompösen lachen die Russen sogar selbst: «Wir haben den größten Minicomputer der Welt.»

Obwohl in Moskau der Verkehrskollaps unmittelbar bevorsteht, steht außer Frage, dass Autos Straßenkreuzer zu sein haben – egal, ob man damit einen Parkplatz findet oder nicht.

Die Datschas – ursprünglich Sommerhäuser für die drei bis maximal vier Sommermonate – sind als Lustschlösser konzipiert und mit dem Feinsten vom Feinen ausgestattet.

Auch in der Selbsteinschätzung sind viele Russen sehr großzügig. Sie haben den Hang, sich und die eigenen Fähigkeiten maßlos zu überschätzen.

Sucht man per Inserat eine Sekretärin mit ausgezeichneten Deutschkenntnissen, so melden sich Personen, die schon das Wort «Kühlschrank» nicht mehr verstehen.

Viele haben hervorragende analytische Fähigkeiten: Sie erfassen in Windeseile, was der andere alles falsch macht – und wie sie es besser machen würden. Aber eben: Sie *würden!*

Das eigenartige Korrelat zu Selbstüberschätzung und Großmannssucht sind die vielfach zur Schau getragenen Minderwertig-

66

keitskomplexe. Besonders bemerkbar wird das, wenn Russen sich im Ausland bewegen. Menschen, die sich zu Hause normal und gesittet benehmen, scheinen plötzlich wie von der Tarantel gestochen – sie sprudeln und schäumen wie eine entkorkte Champagnerflasche, mit demselben Knalleffekt, laut und meist feuchtfröhlich.

Seien Sie überzeugt: Das ist zum großen Teil kaschierte Angst. Angst vor der neuen Umgebung, Angst davor, sich falsch zu benehmen; man versteht die Sprache nicht, man kann sich wegen der fremden Schriftzeichen nicht orientieren: Jede Lappalie wird zu einem großen Problem: Man kann die fremden Wasserhähne nicht bedienen, weiß nicht, wie die WC-Spülung funktioniert, kann die Speisekarte nicht lesen und, und, und …

Ich erinnere mich an die Situation, als ich von der Großmutter in den dunklen, von Geistern und Dämonen bewohnten Keller geschickt wurde, um Kartoffeln zu holen. Ich hatte eine fürchterliche Angst. Um das zu kompensieren und allen Geistern und Dämonen deutlich zu zeigen, dass ich keine Angst habe, habe ich gesungen – so laut ich konnte.

So tun sich denn die Russen im Urlaub meist zusammen und schaukeln sich gegenseitig hoch. Gemeinsam ist es leichter, die Geister und Dämonen zu vertreiben.

Aber – auch das soll festgehalten sein – solch ein Verhalten ist eine Eigenschaft, die Sie bei fast jeder Gruppenreise von Menschen anderer Nationen auch erleben können. Und bedenken Sie, es ist auch eine Frage der Voreingenommenheit: Einer lärmenden Rentnergruppe aus Hanau unterstellt man normales Verhalten, einer russischen Gruppe gern unerzogenes Verhalten …

Die Russen lebten über viele Generationen in Isolation und Unterdrückung. Geben Sie ihnen Zeit, sich an neue Freiheiten und Kulturen zu gewöhnen.

4.8 Loyalität

Die Russen kennen nicht die germanische Vasallenloyalität. Im öffentlichen und gesellschaftlichen Leben gibt es kaum Loyalität, die die aktuell nötigen Unterwürfigkeitsbezeugungen überdauert. So hängt in jeder Amtsstube und oft auch an anderen öffentlichen Orten ein Bild des aktuellen Staatsoberhauptes. In einer sibirischen Waldhütte habe ich das Bild des Staatspräsidenten Putin neben einer Heiligenikone hängen sehen. Einige Tage nach dem Amtsantritt des neuen Präsidenten wird das Bild des alten abgehängt und durch dasjenige des neuen ersetzt.

Die Loyalität zum alten Präsidenten ist damit beendet. Wenn – wie üblich – der neue alles besser macht und der alte alles falsch gemacht hat, so stimmt dem auch der Großteil derjenigen zu, die jahrelang sein Bild in ihrem Arbeitszimmer an bevorzugter Lage gut sichtbar aufgehängt hatten.

Muss der alte Chef aus irgendwelchem Grund zum alten Arbeitsort gehen, wird er oft von denjenigen Mitarbeitern nicht mehr gegrüßt, die zu seiner Amtszeit den tiefsten Bückling gemacht haben.

Im Geschäftsleben ist die Loyalität in der Regel größer. Alte Klienten- und Kundenbeziehungen werden nicht leichtfertig aufgegeben, zum einen, weil gegenüber allem Neuen eine große Skepsis und Misstrauen besteht, und zum anderen, weil man in der Regel Geschäfte nur mit «Freunden» macht. Wie schon zur Einleitung dargestellt, kommt ein Geschäft erst zustande, wenn man den Partner als «Freund» akzeptiert hat.

Am größten ist die Loyalität im privaten Kreis. Überall dort, wo private Bande unabhängig von der hierarchischen Stellung bestehen – alte Schulfreunde, Verwandte und so weiter, gibt es lange und ausdauernde Bindungen, die auch Misserfolge und Tiefs überleben.

Aus diesen privaten Bindungen erwachsen die geschlossenen Seilschaften des öffentlichen Lebens. Ministerien und Ämter bestehen oft aus solch verfilzten Klüngeln.

Wenn der Vater in der Staatsanwaltschaft arbeitet, ist es beinahe selbstverständlich, dass auch die Kinder dort unterkommen. Wenn der Generalsekretär aus Krasnodar kommt, sind über kurz oder lang die meisten Schlüsselpositionen in Partei und Administration mit ehemaligen Spezis aus Krasnodar besetzt. Kommt der Präsident aus St. Petersburg, geht's nicht lange, bis die wichtigsten Chefposten in Regierung, Präsidentenadministration und Staatsbetrieben mit ehemaligen Kollegen aus St. Petersburg besetzt sind.

4.9 Aufheben, was schlecht liegt

Das siebte Gebot «Du sollst nicht stehlen» wird in Russland mitunter recht weit ausgelegt. Vor allem «Stehlen» von Staatseigentum wurde nie im biblischen Sinn als Diebstahl betrachtet (Der Staat sind wir alle – und wenn was Staatliches herumliegt, so ist es auch meins – ich brauche es nur aufzuheben).

Auf die Frage, woher etwas komme, war in der Sowjetunion denn oft auch die Antwort: «Es hat schlecht rumgelegen.» Mit der Aneignung von Staatseigentum war in der Bevölkerung nie ein moralischer Vorwurf verbunden. Datschas konnten in der Regel überhaupt nicht anders gebaut werden als mit Baumaterialien, die auf staatlichen Baustellen schlecht herumlagen – Baumaterialläden gab es nicht.

Es war selbstverständlich, dass das Geschirr eines Kellners zu Hause vom staatlichen Restaurant stammte. Man hätte ihn für etwas bescheuert gehalten, wenn er ins «Dom Farfori» gegangen wäre, um sich dort ein Service zu kaufen.

Staatliches Gut nach Hause zu schleppen war eher ein Sport. Vom staatlichen Arbeitsort an den strengen Torkontrollen vorbei etwas nach Hause mitgehen zu lassen, tat man mitunter weniger, weil man die Sache benötigte oder einen Käufer dafür hatte, sondern vielmehr wegen des Nervenkitzels und des damit verbundenen Abenteuers, das im Freundeskreis bunt ausgeschmückt zum Besten gegeben werden konnte. Kurzum, bis heute ist die Aneignung von Staatseigentum moralisch nicht geächtet.

Als der Leiter der Präsidentenadministration Pawel Borodin in Amerika verhaftet und in der Schweiz wegen Geldwäscherei vor Gericht gestellt wurde (er soll für die Auftragsvergabe zur Renovation des Weißen Hauses «Provisionen» genommen haben), stand die russische Bevölkerung beinahe geschlossen hinter ihm: «Was geht es diese Schweizer und Amis an, wie unsere Politiker unser Geld verwenden!»

Einer meiner Bekannten meinte: «Was stellen Sie sich vor, was Borodins Frau dazu sagen würde, wenn ihr Mann im Kreml arbeitet und nichts außer dem offiziellen Lohn nach Hause bringen würde! Das wäre ja geradezu ein Betrug an der Familie, ein in Russland weit verwerflicherer Tatbestand als der Griff in die Staatskasse.»

Die Mentalität, dass der Arbeitsplatz ein Teil des Privateigentums des Arbeitnehmers sei, ist weit verbreitet: Im Schnellzug vom Flughafen Domodedowo ins Moskauer Stadtzentrum gibt es in einigen Waggons eine Sitzbank mit Tischchen. Das ist aber immer reserviert – nicht für besonders gut zahlende Gäste, sondern für die Schaffner, wenn sie sich von der vielen Arbeit erschöpft niederlassen wollen. In vielen Hotels sind die Lifte permanent besetzt – nicht durch Gäste (die können warten), sondern durch Etagenfrauen, die einander besuchen.

Da früher beinahe alles dem Staat gehörte, lag praktisch alles zur freien Verfügung herum. Etwas schwieriger gestaltet sich heute der mentale Schritt zur Privatwirtschaft. In den Köpfen ist jede Arbeitsstelle noch immer das, was sie war: nicht in erster Linie der Ort zum arbeiten, sondern der Ort, von dem man etwas nach Hause mitbringt.

Schließlich ist ja auch der private Arbeitgeber in erster Linie ein kapitalistischer Ausbeuter, der sich die unterbezahlte Arbeitskraft aneignet. Man nimmt sich ja eigentlich nur mit, was einem sowieso zusteht.

Vor etwa zehn Jahren lag der durchschnittliche Scherenverbrauch in unserer Firma bei etwa einer Schere pro Mitarbeiter und Jahr. Nachdem heute die nähere Verwandtschaft offenbar versorgt ist, ist bezüglich Scheren Stabilität eingekehrt. Und der übrige Ramsch, der bei uns herumliegt, ist offensichtlich uninteressant.

Dieser Klau am Arbeitsplatz hält sich jedoch meist im kleinen Rahmen: Es geht um Details – man macht sich einen Sport daraus. Der richtige Diebstahl – den wohl die Bibel auch gemeint hat – ist den Profis vorbehalten, wie überall auf der Welt.

> Suchen Sie nicht lange nach kleinen Gebrauchsgegenständen, die Sie verlegt haben. Die haben Sie oft nicht verlegt – sie sind weg.

4.10 Fiktion und Wirklichkeit

Die Sache mit der Wahrheit ist wohl überall eine Frage der Wahrnehmung. Fakten werden durch subjektives Empfinden, durch Wertungen und Darstellungen geprägt. Das fällt mir heute immer wieder bei der westlichen Medienberichterstattung zu Russland auf, so, wie es mir früher beim Lesen der «Prawda» («Die Wahrheit», Zeitung der Kommunistischen Partei) aufgefallen ist. Ich mag mich an ein Bild in dieser Zeitung erinnern, mit einer Warteschlange vor einer «Boulangerie». Darunter stand als Kommentar: «Pariser stehen um Brot an.»

Selbstverständlich haben die sowjetrussischen Leser, denen ja die Ausreise ins Ausland nicht erlaubt war, darunter verstehen müssen, dass es in Frankreich um die Lebensmittelversorgung noch schlimmer stehe als in der Sowjetunion. In der Sowjetunion musste man nämlich für alles Schlange stehen – außer für Brot. Dass die Franzosen sogar für Brot anstehen mussten, «bewies», dass das sowjetische System doch das bessere war. Dass das Foto kurz vor Ladenöffnung um sechs Uhr morgens aufgenommen worden sein könnte, hatten wohl die wenigsten bedacht.

Geschichtsbücher mit retuschierten Fotos und nach politischem Tagesbedarf gewählten Fakten gehörten zum Standard. Aber das ist Vergangenheit. Die Behauptung, im heutigen Russland gebe es keine Pressefreiheit, kann nur von jemandem aufgestellt werden, der entweder keine russischen Zeitungen liest oder ein ideologisches Interesse an dieser Fehlinformation hat.

Nur zeigt sich heute im Alltag eine andere Art der Spektralverschiebung der Wahrheit, besonders im Geschäftsleben. Zahlen und Fakten im Geschäftsleben stammen großteils aus einer fiktiven Welt.

Nein, nicht um Sie als Geschäftspartner zu täuschen: Die absurden staatlichen Vorschriften zwingen die Unternehmungen und Privatpersonen geradezu, eine virtuelle Parallelwelt aufzubauen.

Ich besitze beispielsweise in Moskau eine Wohnung. Jeder Russe muss irgendwo bei der Behörde mit einer Wohnadresse registriert sein. Logisch, dass ich mich als wohnhaft in meiner Eigentumswohnung registrieren lasse. Tja, das wäre wohl überall in der Welt logisch – in Moskau nicht. Um mich registrieren zu lassen, muss ich mindestens zwei Tage freinehmen: Geburtsurkunden, Eigentumsurkunden, alte Pässe, standesamtliche Registrierungsurkunden und weiß der Teufel was für welche Papiere noch – damit gehe ich zur örtlichen Registrierungsbehörde und … warte, warte, warte, bestenfalls in irgendeinem Korridor (wenn ich weniger Glück habe, endet die Warteschlange außerhalb des Gebäudes, was besonders bei minus 25 Grad oder bei Sturm und Regen den Behördengang zum Erlebnis der besonderen Art werden lässt), stundenlang, bis ich an der Reihe bin – nur um dann zu hören, die von mir mitgebrachte Dokumentensammlung sei nicht vollständig, da müsste auch noch eine Quittung über die Bezahlung der Kommunalgebühren mit dabei sein.

Zum Glück spielt der Markt: Im Inseratenteil und in Anschlägen an Laternenpfählen und Waggontüren der Metro finden Sie jede Menge Inserate von Firmen, die Ihnen die offizielle Registrierung anbieten: Dort kann man die Registration für umgerechnet 30 Euro kaufen. Solche Firmen gehören meist Beamten der Registrationsbehörden, die die richtige Registrierung wohl bewusst deshalb so kompliziert gestalten. So war ich denn über Jahre in einer Wohnung registriert, von der ich nicht weiß, ob es sie überhaupt gibt.

Der tatsächliche Firmensitz hat nur selten etwas mit der formellen juristischen Adresse zu tun. Die Firma, die sich in Mieträumlichkeiten befindet, muss einen registrierten Mietvertrag vorweisen, um die juristische Adresse beim staatlichen Register eintragen zu können. Aus steuerlichen Gründen sind aber Mieter und Vermieter oft nicht interessiert, den echten Mietvertrag überjährig registrieren zu lassen. So mietet man denn irgendwo in einem Hinterhof drei Quadratmeter und lässt den offiziellen Firmensitz dort eintragen.

Meinen Autoführerschein habe ich ordentlich und ehrlich in der Schweiz gemacht und auch einmal die Mühen eines offiziellen Umtausches gegen einen russischen auf mich genommen.

Interessanterweise bekommen es auch die Behörden mit, dass wegen der sagenhaften Bürokratie viele Personen ihre Ausweise kaufen – und zu guter Letzt kaum mehr echte Ausweise anzutreffen sind. Das gibt dann Anlass für eine neue Behördenvorschrift: Alle müssen sich neu registrieren lassen.

Als wieder einmal solch eine Vorschrift erging, wonach ich meinen russischen Führerausweis neu hätte registrieren lassen müssen, wusste ich, was mich da erwarten würde. Ich zog es vor, direkt einen zu kaufen. Als ich die Verkäufer fragte, ob ich mein schweizerisches Original oder den alten russischen bringen sollte, meinten sie: «Wozu auch; sagen Sie einfach, welche Fahrkategorien Sie haben wollen. Kostet pro Kategorie 50 Rubel.»

Wenn Sie einen Warentransport über die Grenze planen, sollten Sie nicht einfach die richtige Warenbezeichnung mit dem richtigen internationalen Warencode angeben. Das könnte Sie teuer zu stehen kommen und den Startschuss für einen endlosen bürokratischen Hürdenlauf bedeuten.

Geben Sie die echte Warenliste einem Fachmann. Der wird sie

dann so modifizieren, dass die formalen Verzollungsvorschriften alle eingehalten werden können. Aus dem Spannteppich wird dann möglicherweise eine textile Bauabdeckung, aus dem Vorhang ein Textilband. Entsprechende Fachleute finden Sie problemlos bei spezialisierten Verzollungsfirmen. Dass diese in der Regel den Zollbeamten gehören, ist wohl nicht schwer zu erraten.

Bei Anstellungsgesprächen bringen mir die Stellenbewerber ab und zu ihre Diplome mit. Ich habe noch nie in eines hineingeschaut; ich weiß zu gut, an welchen Metrostationen man Diplome beliebiger Art für wenig Geld erstehen kann.

Sie wollen eine aussagekräftige Information über eine Firma? Informationen zu einem möglichen Geschäftspartner? Fragen zur Kreditwürdigkeit des Käufers? Da bietet sich doch die Einsicht in die Buchhaltung an. Weit gefehlt: Buchhaltungen sind in aller Regel richtige Kunstwerke der Fiktion für die Steuer. Den Beamten der Steuerbehörde würde es auch nie in den Sinn kommen, eine Steuerbuchhaltung auf die Übereinstimmung mir der Wirklichkeit zu überprüfen. So etwas halten sie keinesfalls für ihre Aufgaben.

Sie haben die formale Richtigkeit zu überprüfen. Sind etwa Ausgaben für den Druck von Visitenkarten unter den Ausgaben eines Rechtsanwaltes aufgeführt? Das wäre ein Verstoß gegen die Vorschriften: Gemäß Steuerinstruktion benötigen Rechtsanwälte keine Visitenkarten und können sie deshalb auch nicht als Aufwendung abziehen ... Stimmt der Benzinverbrauch des Firmenwagens mit der Steuerinstruktion überein? Sind da nicht etwa mehr Liter aufgeführt, als die Instruktion erlaubt? Oder hat da jemand versucht, Fahrten, die jemand fürs Geschäft mit dem Privatwagen gemacht hat, der Steuerbuchhaltung der Firma anzulasten? Das geht nicht.

Kurzum, die in Papieren, Dokumenten und «Spravkas» dokumentierte Welt des russischen Geschäftslebens ist eine Scheinwelt, eine virtuelle Welt – die eine Parallelexistenz zur realen Welt lebt.

Mir kommen jeweils beinahe die Tränen – ich weiß nicht, ob vor Lachen oder Weinen –, wenn unsere westlichen Bürokraten sich an der russischen Bürokratie orientieren wollen. So haben letzthin irgendwelche treuherzigen Schlaumeier aus der Schweizer Visabürokratie eine neue Vorschrift erfunden: Ein Visaantragsteller solle einen Lohnausweis des Arbeitgebers bringen. Welchen? Denjenigen gemäß Steuerbuchhaltung? Den richtigen, inklusive Schwarzanteil? Von welchem Arbeitgeber? Demjenigen, bei dem man das Arbeitsbuch offiziell liegen hat? Oder von dem, bei dem man die Mehrzahl der Arbeitsstunden verbringt? Soll man da auch noch die privaten Nebeneinkünfte deklarieren, die meist weit höher als der offizielle Lohn sind?

Zum Glück hat beinahe jeder zu Hause irgendeinen Firmenstempel einer fiktiven Firma, mit der er sich jede gewünschte Lohnbestätigung für die Schweizer Behörden ausstellen kann. Und durch die russische Bürokratie werden die Schweizer zum Glück nie im Leben je zu einer Überprüfung dieses Lohnausweises imstande sein.

Wenn ich solchen Nonsens sehe, der von so viel Unkenntnis der Landesspezifika zeugt, frage ich mich

- erstens, ob wir die Ausgaben für Auslandsvertretungen nicht aus dem Staatsbudget streichen sollten, und
- zweitens, ob eine solche Vorschrift nicht den Tatbestand der Anstiftung zur Urkundenfälschung erfülle.

> Trauen Sie keinen russischen Urkunden. Die sind überall für wenig Geld zu kaufen.
> In der Regel aber sind sie selbstgebastelt.

4.11 Der andere ist schuld

Wenn Sie mit Russen Geschäfte machen, seien Sie auf eines gefasst: Wenn etwas nicht so läuft, wie es sollte, haben immer Sie Schuld. Die Russen sind Weltmeister in der Schuldzuweisung. Da haben Sie als durchschnittlicher Westeuropäer nicht die geringste Chance.

Wenn Sie einen Kaufvertrag über ein Ledersofa vereinbaren, das

Sofa kommt und kommt nicht, seien Sie überzeugt: Sie sind daran schuld. Sie haben keine Instruktionen gegeben, wie das Sofa für den Transport verpackt sein soll, und derweil habe sich der Lieferant dermaßen intensiv darum bemüht, diese Instruktionen zu erhalten. Er habe x-mal versucht, Sie telefonisch zu erreichen – aber Sie waren nie erreichbar.

Ich bin in der Firma permanent damit beschäftigt, unsere Qualitätsstandards zu halten und zu verbessern. Sehe ich einen Mangel, so wende ich mich an den betreffenden Mitarbeiter und will ihm erklären, dass er das in Zukunft anders zu machen habe. In der Regel komme ich jedoch nicht dazu, meinen Satz fertig zu sprechen. Sobald die Satzpassage mit der Erwähnung des Fehlers durch ist, werde ich unterbrochen. Daran sei aber nicht er schuld, sondern ...

In diesem Lichte ist auch das ganze Wesen und das Urprinzip der russischen Bürokratie zu sehen. Die Beamten erfinden alles, um eine Sache von sich zu schieben: «Bringen Sie noch dieses Dokument, jene Bestätigung, diese Urkunde, jenen Ausweis, diese Quittung, jene ...» – es ist endlos. Dort ist aber die Unterschrift zu weit links, der Stempel nicht lesbar, das Siegel angebrochen, und der Punkt auf dem kurzen i fehlt.

Wer nichts tut und nichts entscheidet, der tut und entscheidet auch nicht falsch. Diese Angst, etwas Falsches zu tun, ist meiner Ansicht nach einer der Urgründe der Misswirtschaft und lähmenden Bürokratie. So paradox es klingen mag: Ich versuche jede Fehlentscheidung zum Anlass für öffentliches Lob zu nehmen. Ich lobe den Fehlentscheidenden dafür, dass er mutig entschieden habe. Dass es am Schluss und im Nachhinein betrachtet nicht gerade optimal gewesen sei, sei unwesentlich.

Doch trotz dieser jahrelangen «Erziehung» meiner Mitarbeiter muss ich feststellen: Der Erfolg ist mäßig. Noch immer wird mir zur Entscheidung vorgelegt, welche Schrift in welcher Größe in einem nicht standardisierten und im Firmenqualitätshandbuch nicht als Mustervorlage vorhandenen Dokument verwendet werden soll.

Sich nicht schuldig zu machen, scheint eine der Hauptmotivationen eines russischen Daseins zu sein. Im öffentlichen Leben ist bei jedem Unglück und Missstand das Wichtigste, sofort den Schuldigen präsentieren zu können.

Deutlich trat das immer in der vom Staat kontrollierten sowjetischen Presse zutage: Missstände gab es natürlich in der Sowjetunion a priori nicht. Die Partei hatte alles fest im Griff und leitete das Land klug und weise durch alle Störmanöver der bösen Kapitalisten und Volksfeinde.

Wenn dann in der Presse doch einmal über einen Missstand berichtet wurde, dass zum Beispiel die Versorgung mit Damenstrümpfen schlecht funktionierte, konnte man sicher sein, dass in der nächsten Ausgabe der «Schuldige» entlarvt und gleichzeitig über seine Absetzung berichtet wurde.

Noch heute ist bei jedem Unglück das Wichtigste, den Schuldigen sofort zu finden. Das ist weit wichtiger, als dass die nötigen Schlüsse für die Zukunft gezogen werden.

Typisch deshalb die Verwirrungen nach dem tragischen Unglück vom 1. Juli 2002 über dem Bodensee, bei dem wegen eines Fehlers der schweizerischen Luftraumüberwachung 62 Menschen ums Leben kamen, davon 45 Kinder aus Russland.

Herr Kalojew hatte dabei seine ganze Familie verloren, seine Ehefrau und die beiden Kinder.

In Russland wäre das wie folgt abgelaufen: Schon nach den ersten Erkenntnissen am übernächsten Tag wäre der direktbeteiligte Fluglotse in Untersuchungshaft genommen und von der Arbeitsstelle entlassen worden. In den nächsten Tagen wäre dasselbe mit dem oder den verantwortlichen Organisatoren von «Skyguide» passiert.

Vermutlich hatte auch noch ein zuständiger Vizeminister oder gar der Minister des Luftfahrtministeriums über die Klinge springen müssen, wäre abgesetzt oder versetzt worden.

Hierzulande wurde der Unfallhergang minutiös abgeklärt. Erst nach vier Jahren wurde der Unfallbericht der Untersuchungsbehörde ausgeliefert. Fünf Jahre nach dem Unfall ist noch niemand schuldig gesprochen.

Herr Kalojew, schnelle russische Schuldzuweisungen gewohnt, verstand die Welt nicht mehr: «Offenbar hält man hier in der Schweiz Opfer aus Russland für eine unwichtige Nebensache.»

Verhaftet in seiner russischen Denkart musste er selbst für Gerechtigkeit sorgen, wenn das der schweizerische Staat nicht tat. Er richtete mit eigener Hand den in seiner Sicht verantwortlichen Fluglotsen, der noch immer frei herumlief.

Eine wichtige, praktische Schlussfolgerung aus dieser Eigenart der permanenten Schuldzu- und -umweisung ist für den Geschäftsalltag: Halten Sie alle Etappen einer Geschäftsabwicklung schriftlich fest. Wenn Ihr Partner Ihnen mündlich zusichert, diese oder jene Dokumente bis dann und dann zu senden, schicken Sie ihm umgehend ein E-Mail, in dem Sie diesen Termin bestätigen. Wenn er Ihnen das Gewünschte verspätet schickt, senden Sie sofort ein E-Mail, womit Sie das Datum des Empfangs bestätigen.

Wo immer die Mitarbeiter Ihres Partners etwas verschlafen: Seien Sie auf der Hut – am Schluss sind Sie schuld. Geben Sie sofort eine schriftliche Notiz, worin Sie einen Sachverhalt in freundlichem, vorwurfslosem Ton festhalten.

Droht in der Geschäftsabwicklung was schiefzulaufen: Dokumentieren Sie den Vorgang. Sonst wird Ihnen die Schuld in die Schuhe geschoben.

4.12 Zeitbegriffe

Ein russisches Sprichwort lautet: «Verschiebe nicht auf morgen, was du heute schon wegschieben kannst.»

Die Russen sind Spezialisten für Feuerwehrübungen. Sie wissen beispielsweise oft Monate zuvor, dass sie zu einem Kongress, einer

Konferenz oder Geschäftstermin ins visapflichtige Ausland reisen wollen. Ums Visum kümmern sie sich zwei Tage vor der Abreise. Dann wird alles in Bewegung gesetzt, um die ordentlichen Bearbeitungszeiten im ausländischen Konsulat zu verkürzen. Man ruft alle Bekannten an, ob sie nicht den zuständigen Konsulatsleiter oder gar den Botschafter kennen, damit der eine Sonderbehandlung für diesen «dringenden» Fall anordne.

Deadlines für Zahlungstermine, die man schon seit Wochen kennt, lässt man ruhig an sich herankommen. Wenn dann der LKW geladen und abfahrbereit auf dem Werkhof des Lieferanten steht und dieser ihn nicht losfahren lässt, bevor er die vereinbarte Anzahlung auf dem Konto hat, wird ein Feuerwerk von Initiativen ergriffen, die Zahlung zu veranlassen: Freunde, die in der Nähe des Lieferanten wohnen, werden gebeten, zu diesem hinzufahren und «cash» zu bezahlen, der Bankauftrag wird dringlich im SWIFT erteilt, und alle paar Stunden wird der Lieferant angerufen und gebeten, er solle doch bei seiner Bank nachfragen, ob das Geld schon eingetroffen sei. Eigentlich müsste es schon dort sein (obwohl klar ist, dass der Zahlungsverkehr über zwei Transferbanken erfolgt, wo bei jeder eine Bearbeitungszeit von mindestens einem Tag zu erwarten ist).

Aber solche «Stoßarbeiten» werden nicht nur im Nachgang zu selbstverschuldetem Schlendrian geleistet. Westeuropäer können oft mit dem russischen Tempo nicht mithalten.

Im Handel sind wir es gewohnt, alles in geordneten Abläufen zu ordentlichen Bürostunden zu prüfen und zu erwägen. Russen entscheiden schnell; wenn's nötig ist, wird nächtelang durchgearbeitet, werden Dokumente vorbereitet und telefonische Rückfragen auch um Mitternacht gestellt.

Im Moskauer Immobilienhandel werden Ausländer deshalb oft aus dem Rennen geworfen. Bis sie alles geprüft und entschieden haben, ist das Objekt weg, von einem Russen gekauft.

An ordentliche Bürostunden hält man sich im Geschäftsleben nicht. Geschäftstelefonate können Sie ohne Weiteres auf Ihr Handy auch spät in der Nacht und Samstag und Sonntag erhalten. Dabei entschuldigt sich der Geschäftspartner nicht einmal – das ist normal, «Business as usual».

Wundern Sie sich nicht über einen Anruf nachts um 01.00 Uhr. Das ist normal. Im Geschäft gibt es keine Ruhezeiten (Vor allem, wenn man die Sache vorher tagelang verschlafen hat).

4.13 Der Ausländer – Ambivalenz zwischen Freund und Feind

Die russische Gesellschaft hat die Epoche der europäischen Renaissance und Aufklärung nicht miterlebt. Daran leidet sie noch heute. Russische Menschen haben häufig das Gefühl, hintendrein zu sein. Meist wird der Ausländer (darunter versteht man einen Ausländer aus einer westlichen Industrienation, die anderen sind in der Regel «Schwarze» oder «Gelbe») bewundert. Man versucht ihn nachzuahmen und sich selbst den Hauch des «Ausländischen» zu geben. Man übernimmt und äfft nach. Obwohl man beispielsweise hervorragendes eigenes Filmschaffen hätte, vernachlässigt man dieses und ersetzt es durch billige amerikanische Detektive und mexikanische Serials.

Junge Leute lernen Englisch und beginnen, ihre russische Rede mit typischem *american slang* zu spicken. Was immer an neuen Musikmoden im Westen erscheint – es kann so klang-, farb- und melodienlos sein, wie es will –, wird sofort nachgeahmt.

Obwohl Russland immer wieder bewiesen hat, wie groß sein Potenzial für eigenes künstlerisches Schaffen in Poesie, Musik und bildenden Künsten ist, will das breite Publikum «modern» sein und den Abklatsch westlicher Verirrungen genießen.

Nach der Wende von 1991 konnte man mit ausländischen Investoren zusammen gemeinsame Gesellschaften in der Form des Joint Ventures begründen. Die auf solche Joint Ventures registrierten Autos bekamen eine gelbe Nummer. (Ausländer sind in den Autos von

Weitem her als solche gekennzeichnet: rote Nummern für das Diplomatische Corps, gelbe für ausländische Handelsvertretungen, Fluggesellschaften und Korrespondenten.) Viele dieser Joint Ventures wurden vorwiegend deshalb gegründet, damit der russische Partner mit einer gelben Nummer herumfahren und sich so mit dem Hauch und der Aura des Ausländischen umgeben konnte. Der Ausländer musste oft nur seinen Namen geben, das «ausländische» Gründungskapital besorgte der Russe selbst.

Ich führe ein Geschäft mit einem hervorragenden russischen Fachmann auf seinem Gebiet. Im Rahmen des Kyoto-Protokolls wird versucht, weltweit den Ausstoß schädlicher Gase in die Atmosphäre zu reduzieren. Wir beschäftigen uns damit, in Russland große diesbezügliche Lecks zu finden, wo man mit relativ geringem Aufwand möglichst viele Tonnen von umweltverschmutzendem Gas abfangen kann.

Mein russischer Partner, der hochgradige Experte, der jahrelang die Verhandlungen im Rahmen der UNO mitverfolgt und russischerseits begleitet hat, muss im Rahmen unserer Kooperation oft in die Provinz reisen, um Verhandlungen mit den Verursachern zu führen. Oft bittet er mich dabei, auch mitzukommen, oder darum, dass ich ihm einen meiner ausländischen Mitarbeiter zu seiner Begleitung freistelle. Wozu? Dass wir ihn irgendwie fachlich unterstützen könnten? Davon kann nicht im Entferntesten die Rede sein: Das reine Dabeisein eines ausländischen Mitglieds der Verhandlungsdelegation genügt. Damit ist in den Augen vieler Russen garantiert, dass die Sache seriös und richtig ist. Dem Ausländer wird weit weniger Skepsis entgegengestellt als dem russischen Mitbürger.

Der Ausländer genießt in der Regel einen enormen Vertrauensvorschuss. Die Russen sind oft geradezu kindlich naiv, weil sie den Ausländern alles sofort glauben und ihnen nachäffen.

So ließen sie nach der Wende von 1991 scharenweise westliche Berater ins Land und bauten es nach deren Ratschlägen um. Das wurde zu einer schieren Katastrophe. Diese Berater wollten in Unkenntnis der russischen Kultur und Mentalität ihre frisch aus Harvard bezogenen Weisheiten umsetzen, verursachten damit aber ein Chaos und eine Schieflage, die seinesgleichen sucht. Erst seit der zweiten Amtsperiode Putins wird langsam versucht, die importierten Fehler wieder auszubügeln.

Um nur einige Beispiele zu nennen: So schwatzten die westlichen Experten den Russen die Einführung der Mehrwertsteuer auf, und das in einem Land, wo viele Amtsstellen und Firmen noch keine Computer haben und das Telefonnetz teilweise noch mit Stöpseln funktioniert. Die Folge: Die Mehrwertsteuerrückforderungen sind größer als die Mehrwertsteuereinnahmen!

Woher kam das? Mehrwertsteuerabrechnungen können nur in einem hochcomputerisierten Land funktionieren, wo jedes Geschäft über mehrere Etappen zurückverfolgt werden kann. Sonst ist dem Mehrwertsteuerbetrug Tür und Tor geöffnet.

Und so ist es geschehen: Beim Warenexport fordert man die Mehrwertsteuer zurück, die man angeblich beim Einkauf bezahlt hat. Bezahlt hat man aber gar nichts: Der in den Papieren verbriefte «Verkäufer» ist wie vom Erdboden verschwunden, im besten Fall längst liquidiert. Die Firma fordert die 20 Prozent Mehrwertsteuer zurück, welche auf der exportierten Tonne Platin lag, welche mit Zollbestätigung am 1. April ausgeführt wurde. In Tat und Wahrheit aber war auf dem Lastwagen nur Schrott geladen. Natürlich ist der betätigende Zollbeamte daran beteiligt.

Oder die verschleuderten Weltbankkredite, von denen ganze Milliarden nicht mehr auffindbar waren. Die Weltbank rechnete diese Kredite, die mit ihrer Hilfe in die Privattaschen einiger weniger verschwanden, dem russischen Staat als Staatsschuld an – und half damit, Russland an den Rand des Ruins zu treiben.

Einen ganz besonderen Streich hatten sich die Berater ausgedacht, als sie den Russen empfahlen, Grund und Boden in Privateigentum übergehen zu lassen und im Bodenrecht den römisch-rechtlichen Eigentumsbegriff einzuführen. Es wurde sogar ein eigentliches Pressing und Mobbing seitens der Weltbank und westlicher Regierungsorganisationen betrieben, die Russen zu diesem Schritt zu zwingen.

Die Wirtschaft wäre ohne Weiteres mit dem in Russland seit Generationen üblichen Bodenrecht ausgekommen: Das Land war im Obereigentum der «Mir», der Dorfgemeinschaft, ähnlich wie es vor der Übernahme des römischen Rechts auch in germanischen Landen war. Der Landbesitzer war nur Besitzer, nicht Eigentümer. Er konnte seinen Besitz bewirtschaften – in unserer heutigen Terminologie hatte er ein Nutzungsrecht.

Einige Probleme, wie zum Beispiel die Hypothekarkreditfähigkeit des Grundstücks (damit es nicht «brachliegt» und zur Kreditbeschaffung herangezogen werden kann), hätten ohne Weiteres mit etwas Fantasie auch so gelöst werden können.

Aber nein, man hat verursacht, was jeder, der etwas mit russischer Kultur vertraut war, hat kommen sehen: Einige wenige kauften sich nun halb Russland zusammen. Frau Baturina, die Frau des Moskauer Bürgermeisters (wir hatten sie auf diesen Seiten bereits zu Gast), hatte gerade kürzlich wieder etwas Land bei Belgorod eingekauft, Land in der Größe des Kantons St. Gallen mit vielen eingeschlossenen Dörfern im Territorium. Im Kaliningrader Gebiet und in vielen weiteren Landstrichen ist sie auch schon gleicherweise präsent. Bei wem können die Bauern dort jetzt arbeiten und das Feld bestellen? Klar – es gibt ja nur noch eine Arbeitgeberin.

Das ist ein deutlicher Rückschritt in die Probleme des 19. Jahrhunderts, in die Zeit nach der Aufhebung der Leibeigenschaft, wo die «befreiten» Bauern ein schlimmeres Dasein fristeten als vorher und sie nur noch angestellte Arbeitssklaven waren, für die der Landbesitzer keinerlei weitere Sozialverpflichtungen übernahm.

Auch kaufen sich Russen nun gerne Grundstücke entlang von Seen und Flüssen. Das Erste, was sie tun: Sie verbarrikadieren fürs Publikum den Zugang. Rund um Moskau wird es von Tag zu Tag schwieriger, sich irgendwo an einem Fluss- oder Seeufer auszuruhen, wie man dies früher konnte. Mein Lieblingsplatz an der Istra, wo ich früher oft mit dem Zelt übernachtete, wurde vom örtlichen Priester der staatlichen Sowchose «Lenins Strahl» abgekauft, ein Grundstück von vielen Hektaren. Als Erstes verbarrikadierte er die Zufahrtswege. Früher campierten auf diesem Territorium Dutzende von Moskauern, badeten und erfreuten sich der Natur.

Langsam, aber sicher kommen die Fehlleistungen der ausländischen Berater zu Tage, dank der sich einige wenige halb Russland unter den Nagel reißen konnten, ein Bodenrecht, das die nächste revolutionäre Enteignungskampagne geradezu provoziert. Das Gleiche gilt für das Besteuerungswesen, das unter der Ägide westlicher Auditfirmen dermaßen kompliziert gestaltet wurde, dass der russische Unternehmer nur noch unter teurer Zuhilfenahme eben dieser Beraterfirmen seine Deklaration ausfüllen kann.

Die Erkenntnisse dieser importierten Fehlleistungen bewirken nun sichtlich eine gegenläufige Tendenz: «Pah – wir brauchen Euch nicht, bleibt zu Hause, wir wissen besser, was wir zu tun haben.»

Die Intellektuellen Russlands haben sich seit Generationen immer in zwei Lager geteilt: In «Slawophile» und «Westler». Während die einen auf die Reinerhaltung der ursprünglichen slawischen Traditionen schworen, wollten die anderen Russland aus seiner verschlafenen Rückständigkeit befreien.

Ein berühmter Westler war zum Beispiel Zar Peter der Große, der die alten Bärte im wahrsten Sinne des Wortes abschneiden ließ.

Eine extreme Phase der Oberhand der «Westler» erlebten wir bei der Wende um 1991. Man nahm mit offenen Armen alles und alle aus dem Westen auf, wollte in die NATO, WTO, EU und holte deren Berater, um sich den Staat nach westlichem Ebenbild zu schaffen.

Heute tritt eindeutig eine Ernüchterung ein, und es sind Tendenzen einer gegenläufigen Phase zu erkennen. Fehler der westlichen «Privatisierung» sollen rückgängig gemacht werden. Die größten Profiteure wie Gussinski, Chodarkowski, Beresowski und so weiter werden reihum wieder rückenteignet.

Auch im einfachen Volke machen sich ähnliche Tendenzen bemerkbar: War es noch vor wenigen Jahren das Ziel eines jeden, möglichst viel ins Ausland zu reisen, um anschließend zu Hause als großer Prophet und Allwissender die armen Zurückgebliebenen zu belehren, so tönen die Heimkehrenden heute oft anders: Sie seien in Paris und New York, Tokio und Zürich, Mailand, London und Stockholm (Die Aufzählung ist in der Regel lang, um die Bedeutung und die Welterfahrenheit bildlich zu demonstrieren) gewesen und hätten gesehen, dass man dort nicht nur auch mit Wasser koche, nein, im Prinzip alles falsch mache – dass man denen von Russland aus doch noch auf die Sprünge helfen müsse.

Gehen Sie als Ausländer zu ersten Geschäftskontakten persönlich mit. Sie sind der bessere Türöffner.

5. Geschäftsmaximen und Moral

5.1 Business auf Russisch

Arbeitsteilung. Der Direktor einer Flugzeugfabrik sucht einen neuen Testpiloten. Es melden sich Sidorow, Kusnetsow und Iwanow.

Der Direktor befragt zuerst Sidorow. Wie viele Flugstunden er hinter sich und mit welchen Flugzeugtypen er Testflugerfahrung habe, welche Kunstflugfiguren er beherrsche, und zum Schluss, wie viel Lohn er erwarte.

Sidorow: «3000.»

Direktor: «Wieso ausgerechnet 3000?»

Sidorow: «1000 für mich, 1000 für die Familie und 1000 auf die Bank.»

Als Nächster wird Kusnetsow interviewt. Nach den Erkundigungen bezüglich Flugstunden, Testflugerfahrungen und Akrobatik sagt er zum Lohn: «Ich will 4000: 2000 für mich, 1000 für die Familie und 1000 auf die Bank.»

Zum Schluss kommt Iwanow zum Gespräch.

Flugstunden? Keine. – Testflugerfahrung? Null. – Kunstflugfiguren? Kann man vergessen. – Lohn? «Ich will 9000.»

Wieso ausgerechnet 9000?

«Ist doch logisch: 3000 für Sie, 3000 für mich und für 3000 ist ja der Sidorow bereit zu fliegen!»

Das Zielen des russischen Arbeitnehmers besteht nicht in erster Linie darin, mit Arbeit und Leistung Geld zu verdienen. Seine Gedanken kreisen hauptsächlich darum, ohne Arbeit unter Ausnutzung von Beziehungen und Bekanntschaften zu Geld zu kommen.

Wenn Sie einen Russen fragen, ob er nicht jemanden wüsste, der Ihnen günstig Bauholz besorgen könne, so wird er Ihnen versichern, dass er jemanden kenne – nur müsse er zuerst zu Hause die Adresse suchen. Sobald Sie den Rücken gekehrt haben, wird er den Holzhändler anrufen und mit ihm eine Vermittlungsprovision vereinbaren.

Die Vermittlungsprovisionen sind ein eiserner Bestandteil des Geschäfts. Ich denke, dass ein Großteil der Volkswirtschaft auf diesen Provisionen beruht.

Die Ökonomie scheint mir zunehmend zu einer legalisierten Schattenwirtschaft zu pervertieren. Die überbordende Bürokratie verdrängt zusehends die produzierenden und real wirtschaftenden KMU. Große Staatskolosse wie GASPROM dirigieren und verwalten die Ressourcen des Landes. Diese Konzerne produzieren aber am Laufmeter Tochtergesellschaften und Töchter der Töchter, nicht etwa aus einer für die Konzernwirtschaft zwingenden Notwendigkeit, sondern um Pfründen zu schaffen.

Illustrieren wir das Problem mit einem erfundenen Beispiel: Der Riesenkonzern ENERGOPROM besitzt und verwaltet den Großteil der russischen Gas- und Erdölvorkommen sowie Aktienmehrheiten in der Elektrowirtschaft. Bei ENERGOPROM hat der Staat 51 Prozent der Aktien, 49 Prozent befinden sich in privaten Händen.

Für jede der drei Sparten gibt es eine Tochtergesellschaft: GAS-ENERGO, NEFTENERGO («Neft» heißt Erdöl) und ELEKTRO-ENERGO. In jeder Tochtergesellschaft hat die Mutter 51 Prozent der Aktien, der Rest ist gestreut (im Staatsbesitz sind damit praktisch nur noch 25 Prozent).

Bei GASENERGO gibt es dann wieder für jeden Betriebszweig wieder eine Tochtergesellschaft:
· TRUBOGAS für den Betrieb der Pipelines,
· STROIGAS für die Bautätigkeit (Pipelinebau und Unterhalt,

Kompressorstationen, Wohnbau für die Mitarbeiter, Verwaltungsbauten und so weiter),

• DOBYTSCHGAS für die Gasgewinnung und so weiter.

Wiederum hält die Mutter GASENERGO 51 Prozent der Aktien, 49 Prozent sind privat. Bei TRUBOGAS liegt der Staatsanteil damit noch bei rund 13 Prozent. TRUBOGAS hat aber wieder eine große Anzahl Tochtergesellschaften. Da gibt es zum Beispiel Regionalgesellschaften, die für ein bestimmtes Territorium zuständig sind, wie die BASCHKIRGAS für die Teilrepublik Baschkirien. Nach gehabtem Schema liegt hier der Staatsanteil noch bei 6,5 Prozent. BASCHKIRGAS ist aber wieder aufgeteilt in mehrere Tochtergesellschaften. Eine davon, UFAGAS, ist für das Territorium der Republikshauptstadt Ufa zuständig, der Staatsanteil ist hier mittlerweile auf 3,3 Prozent gesunken. Selbstverständlich hat auch UFAGAS noch Töchter: UFAZENTROGAS für die Gasverteilung in der Stadtmitte. Der Staatsanteil liegt hier noch bei rund 1,7 Prozent.

Interessant an diesem System ist nicht nur die Aktionärsstruktur, bei der auf jeder Ebene Private sitzen. Bei der Übermutter ENERGOPROM gibt es noch bekannte Oligarchen oder deren Statthalter, in den unteren Rängen, an der Front, wo das eigentliche Geschäft stattfindet, sind es meist örtliche Provinzgrößen – oder noch mehr deren Verwandte: Kinder, Schwiegersöhne und deren Brüder.

Viel interessanter als die Aktionärsstruktur ist die Verwaltungsstruktur dieser Firmen. Die Exekutivdirektoren, die das Tagesgeschäft leiten, sind Verwandte des privaten Hauptaktionärs.

Wenn UFAZENTROGAS neue Möbel für das Verwaltungsgebäude benötigt, werden die Möbel etwa beim günstigsten Anbieter in Ufa eingekauft? Nein, bei der Handelsfirma IWANUSCHKIN. Die Firma gehört zu 100 Prozent dem Schwiegersohn des Direktors von UFAZENTROGAS. Dass die Möbel dort dreifach teurer sind, interessiert niemanden. Die Aktionärskontrolle des Staates mit seinen effektiven 1,7 Prozent funktioniert schon längst nicht mehr.

Im großen internationalen Geschäft von ENERGOPROM und deren Töchtern wird ebenfalls nicht direkt über den günstigsten Anbieter gekauft und verkauft. Dort läuft der Handel nach einem ähnlichen System über Firmen auf den British Virgin Islands (BVI) oder andere Off-Shore-Strukturen, wo das meiste Geld hängen bleibt.

Da alle diese Ur-Ur-Enkelfirmen kaum offizielle Gewinne ausweisen, fließt auch wenig Geld in Form von Ausschüttungen an die Mütter nach oben. Die Konzerngesellschaft ENERGOPROM wird im Verhältnis zum ganzen Energiemarkt lächerlich kleine Gewinne ausweisen. Das echte Geld fließt über Provisionen und «unwirtschaftliche» Geschäftsführung an unterster Front. Die abertausend Firmen wie IWANUSCHKIN machen das große Geld. Und auch dort findet der Direktor Wege, damit die Steuerbuchhaltung keine großen Gewinne ausweist.

Alle diese IWANUSCHKINS produzieren letztlich nichts und sind volkswirtschaftlich gesehen unsinnig. Aber das ist die russische Realwirtschaft.

Der Staat als Hauptaktionär von ENERGOPROM kann zwar die großen politischen Grundsatzentscheidungen als Aktionär steuern. Er bestimmt als Aktionär Fragen wie Gaspreis, ob eine neue Pipeline durch die Baltische See oder nach China gebaut werde (das Parlament muss dazu nicht Stellung nehmen – formal ist es ja eine private Aktiengesellschaft, die über die Frage entscheidet), aber aus dem eigentlichen Geschäft fließen verhältnismäßig wenig Einnahmen. Das Geld bleibt bei den IWANUSCHKINS hängen. So ist für eine breite Verteilung des Einkommens aus den riesigen russischen Rohstoffen gesorgt.

Und damit wird auch klar, dass nicht nur wenige Oligarchen diesen Reichtum unter sich aufteilen, sondern große Teile der Bevölkerung sich durch Cleverness und Beziehungen am Kuchen beteiligen können. Aber eben: In diesem System wird man nicht durch harte Arbeit reich, sondern dadurch, dass man sich in einem Beziehungsnetz befindet, wenn man Glück hat durch Geburt. Aber die Geburt alleine nützt in der Regel nicht viel. Sie gibt zwar enorme Startvorteile, jedoch gehört die Welt dem Cleveren, der sich im Beziehungsnetz hochschaukelt und wie ein schlauer Fuchs alle Chancen wahrnimmt.

> Vergessen Sie nie, dass Ihr Gegenüber nebst den Firmeninteressen noch eigene oder andere fremde Interessen vertritt.

5.2 Einem Loch Spaghetti übers Ohr hängen

Es zieht sich wie ein roter Faden durch die russische Kulturgeschichte: Einen andern zu übertölpeln und reinzulegen ist geradezu ein Volkssport. Mit solchem Gebaren ist kein moralischer Vorwurf verbunden, sondern eher Bewunderung. Mit dem Opfer eines Betrugs hat man wenig Erbarmen, ja man lächelt über ihn. Wer reingelegt wird, muss sich über den Spott nicht sorgen.

Aus dem Polizeijargon stammt eine Kurzbenennung eines Betrugsopfers: LOCH. Das steht für *Litschnost* (Person) *obmanuti* (betrogen) *Chuliganom* (durch Hooligans).

Die durch Hooligans betrogene Person, der *Loch*, ist ein gutgläubiger Einfaltspinsel, der nicht skeptisch genug war, die faulen Tricks der Betrüger zu durchschauen. Mit Mitleid muss der Loch nicht rechnen, sondern nur mit Spott.

Betrogene Russen gehen deshalb auch selten zur Polizei (Miliz genannt), um den Betrug anzuzeigen. Sie wissen, was sie dort erwartet: Vorwürfe über ihre Unachtsamkeit und dumme Leichtgläubigkeit. Bei dieser verbreiteten Grundhaltung – nicht nur bei der Polizei – ist verständlich, dass sich niemand groß für den *Loch* einsetzen will, auch nicht der Milizionär oder der Untersuchungsbeamte: Der *Loch* ist doch selbst schuld, soll er das nächste Mal halt besser aufpassen.

Hingegen vom Betrüger, diesem cleveren Hund, ist man gerne

bereit zu lernen. Mindestens genießt er Ansehen und Bewunderung.

Diese Grundhaltung ist überall gegenwärtig, auch in vielen kleinen, unbedeutenden Alltagssituationen. Der Ausdruck dafür ist: «Jemandem Spaghetti über die Ohren hängen»: *Lapscha* (Spaghetti) *na* (auf) *uschi* (die Ohren) *weschat* (hängen).

Wer das kann, jemandem «Spaghetti über die Ohren hängen», gilt als raffiniert, clever und klug.

Die kleinen Alltagslügen sind weit verbreitet. Ein Beispiel: Ein großer Betrag sollte vom Kunden in der Bank auf Ihrem Konto eintreffen. Sie möchten über das Geld verfügen: Die Bank aber behauptet, das Geld sei noch nicht eingetroffen. In Tat und Wahrheit ist es eingetroffen, die Bank aber macht ein Zusatzgeschäft, indem sie es noch *overnight* anlegt.

Die Bank hängt Ihnen lediglich «Spaghetti über die Ohren», das gilt noch nicht als Betrug, das ist bestenfalls «für dumm verkaufen».

Um jemandem zu sagen, dass man vermute, dass er lüge – es ihm aber nicht beweisen kann –, sagt man höflichkeitshalber: «Hängen Sie mir doch bitte keine Spaghetti über die Ohren.» Damit beleidigen Sie niemanden, den Sie eigentlich des Luges bezichtigen wollen. Der Angesprochene ist vielleicht sogar ein wenig stolz darauf, dass Sie ihm zutrauen, er wäre dazu fähig, jemandem Spaghetti über die Ohren hängen zu können. Trotzdem hat er das Warnsignal erhalten, dass er nicht übertreiben darf, dass Sie ihn durchschaut haben.

Mit «Spaghetti über die Ohren hängen» ist kein moralischer Vorwurf verbunden. Das ist eigentlich nur ein interessantes Gesellschaftsspiel, wie Schach spielen, wo man gegenseitige Cleverness und Intellekt prüft.

Geben Sie zu erkennen, dass man Ihnen keine Spaghetti über die Ohren hängen kann, dass Sie Ihre Portion Skepsis behalten haben.

5.3 Joint Ventures

Wissen Sie, wie das Prinzip eines Joint Ventures in Russland aufgebaut ist? Es ist eine Kombination von Kapital und Erfahrung.

Der Investor aus dem Westen bringt das Kapital, und der Russe die Erfahrung zum russischen Markt. Nach einer gewissen Zeit wendet sich das Blatt: Der Russe hat das Kapital und der Investor aus dem Westen eine Erfahrung zum russischen Markt. Dieses Prinzip wird relativ konsequent eingehalten.

Ich habe immer vor Joint Ventures gewarnt, seit es die Möglichkeit gab, solche einzugehen. Das kann nicht gutgehen: Die Mentalitätsunterschiede und der Erfahrungshorizont beider Kulturen sind zu groß.

Die Russen haben immer wieder mit konstanter Regelmäßigkeit alles verloren, was sie sich angespart hatten, und zwar durch mehrmalige Geldentwertungen und Umtauschaktionen mit lächerlichen Umtauschfristen, die kaum jemand einhalten konnte, Krieg, Hyperinflation, Wirtschaftsdefault und schiere Enteignung. Auf diesem Erfahrungshintergrund ist es klar, dass niemand für die ferne Zukunft investieren möchte. Das Ziel ist nur eins: So schnell als möglich das Tafelsilber verkaufen, Gewinne und Assets zu realisieren und es privat auszugeben. Kurzum: Leben in Saus und Braus.

Das sehen wir im Alltag auf Schritt und Tritt. Bezogen auf den Erfahrungshorizont des Landes ist diese Grundhaltung nicht verwerflich, sondern durchaus vernünftig.

Der westliche Investor hat aber in der Regel anderes im Sinn. Er will langfristig ein gutgehendes Geschäft aufbauen und nicht in erster Line dem russischen Partner eine siebentürmige Schloss-Villa finanzieren. Dieser naturgegebene Interessenkonflikt ist Grund für das Scheitern fast aller Joint Ventures (Ich rede hier von Joint Ventures im Rahmen von mittelständischen Betrieben, nicht von großen Staatskolossen, wo andere, politische Motive ausschlaggebend sind.)

Leider werden diese Warnungen vor der Gründung oft in den Wind geschlagen. Jeder meint, er habe einen ganz außergewöhnlich zuverlässigen Partner oder ein ganz schlaues, gut abgesichertes Rechtskonstrukt – ihm könne da nichts passieren. Ich wurde nicht nur einmal, nachdem man meine Warnung nicht ernst genommen hatte, darum gebeten, bei der Liquidation Rechtsbeistand zu leisten, um zu retten, was zu retten sei. Zu retten gibt es in dieser Situation aber nichts mehr.

Ich muss zu meiner Schande gestehen, dass das sogar mir einmal passiert ist: Ich war so 100 Prozent sicher, dass mein Partner, ein langjähriger Freund der Familie, diesbezüglich ehrlich, offen und vernünftig sei. Nichts dergleichen: Die Gier nach dem schnellen Geld war auch in diesem Fall stärker als jede Moral und längerfristige Planung.

Soll das nun heißen, dass man in Russland keine Synergien von Markt-Know-how und Kapital erzielen könne? Durchaus nicht. Sicher ist es sinnvoll, mit einem russischen Partner die Kräfte zusammenzulegen und an einem gemeinsamen Strick zu ziehen. Aber man muss doch nicht gleich heiraten, wenn man eine Möglichkeit sieht, gemeinsam ein Ziel zu verfolgen.

In aller Regel kann man andere Zusammenarbeitsformen finden als die gemeinsame Firma. Es wäre ja auch möglich, dass jeder seine eigene Firma führt, diese beiden Firmen sich jedoch in zweiseitigen Verträgen zur Zusammenarbeit verpflichten.

Natürlich passt das in der Regel dem russischen Partner nicht. Er sieht, dass er dann selbst für eine korrekte Vertragserfüllung verantwortlich ist und sonst die schlichte, einseitige Vertragsauflösung durch den westlichen Partner riskiert. Natürlich wäre es leichter, sich als Mitaktionär einfach zurückzulehnen, den Westler die Arbeit tun zu lassen und ihm schließlich «Spaghetti über die Ohren zu hängen», um sich in der Folge die erzielten Resultate in die eigene Tasche zu stecken.

In solchen Vertragsverhandlungen ist es immer wesentlich, herauszufinden, was der Partner im Grunde will: Er will ja meist nicht einfach Teilhaber sein, sonder schnell viel Geld für den Privatbedarf locker machen. Rechnen Sie ihm vor, dass nach dem Business-Plan für das Joint Venture die ersten Ausschüttungen erst in 20 Jahren zu erwarten sind – und sein Interesse schwindet augenblicklich. Stellen Sie ihm aber eine Geschäftsvariante vor, bei der er mit Provisionen oder anderen garantierten Zuwendungen sofort zu Barem kommt – und er wird freudig schnell das Joint Venture vergessen.

Keine Joint Ventures mit Russen – das geht schief.

5.4 Neue Russen und Oligarchen

Raucherprobleme. Kommt ein Neuer Russe (so werden die Neureichen benannt) in den Autosalon: «Ich hätte gerne einen Mercedes 600.»

«Aber Sie haben doch gerade erst letzte Woche einen gekauft; waren Sie nicht zufrieden?»

«Nein, nein, das schon. Aber der Aschenbecher ist voll.»

Ich hatte seit Studienzeiten ein Bankkonto bei der Filiale einer Großbank an meinem ehemaligen Schweizer Wohnort, wo ich auch immer meinen Bezugspunkt in der Schweiz hatte – dort, wo meine Eltern, Geschwister und Freunde wohnten, wo ich immer eine Zweitwohnung unterhielt und bei meinen Heimataufenthalten wohnte.

Eines schönen Tages sagte man mir, mein Konto werde jetzt nicht mehr hier geführt, sondern in Zürich. Dort sei das Kompetenzzentrum der Bank für Russland. Im Klartext: Jedermann, der mit Russland zu tun hat, ist suspekt. Geldwäschereigefahr.

Jeder albanische Drogenhändler konnte sein Konto weiterhin am Ort führen – ich aber wurde ausgelagert. Der Grund war klar: Man war der Ansicht, dass Russen, die zu Geld gekommen waren, nur Geldwäscher, Mafiosi und Zuhälter sein konnten. Doch hier ist Vorsicht angesagt. Die Vorstellung, dass man in Russland Geld mit ehrlicher Arbeit und vor allem unter cleverer Ausnützung der Markt- und Gesetzeslage verdienen konnte, war für den Durchschnittsschweizer geradezu absurd. In Tat und Wahrheit aber gab es wohl kaum ein Land, wo so viele so schnell reich werden konnten, ohne gegen Gesetze zu verstoßen.

Heute kann man sich das Durcheinander kaum mehr vorstellen, das nach 1991 herrschte. Per Dekret wurde die freie Marktwirtschaft eingeführt: Abkehr von der Planwirtschaft, freie Preisbildung, freier Handel. Die ganze Gesetzgebung dazu war jedoch noch nicht vorhanden. Wieweit die alten Gesetze noch galten, konnte niemand verbindlich sagen. Die Maschen der Gesetzgebung waren nicht nur weit und die Lücken groß, nein – es bestand eigentlich nur eine große, klaffende Lücke. In der Wirtschaft gegen ein Gesetz zu verstoßen, war praktisch unmöglich – weil es nämlich keins gab.

Ein banales Schema war zum Beispiel folgendes: Papa leitete einen Ölproduktionsbetrieb. Seit er den Job innehatte, hatte er immer auf Anweisung des Staatsplanungskomitees aus Moskau dorthin geliefert, wo man es ihm sagte. Dafür bekam sein Betrieb eine Geldgutschrift in Höhe des vom Staatsplanungskomitee festgesetzten Preises. Plötzlich hieß es praktisch von einem Tag auf den anderen: Die freie Marktwirtschaft ist eingeführt, das Staatsplanungskomitee abgeschafft.

Wohin nur mit dem Öl? Papa war ja geradezu dankbar, als jemand kam und ihm anerbot, das Öl abzunehmen – und dazu noch zu einem Preis, der höher lag als der, den er früher durch das Staatsplanungskomitee erhielt. Dass dieser Käufer das Öl dann schnurstracks ins Ausland weiterverkaufte, wo er den zehnmal höheren Weltmarktpreis erhielt, ging ihn nichts mehr an.

Natürlich hat Papa gelernt und die nächste Ladung nicht mehr diesem Käufer verkauft, denn seine Freunde und Verwandten hatten inzwischen auch Ölhandelsfirmen gegründet! Und die verdienten in kürzester Frist Millionen. Absolut legal, es wurde gegen keinerlei Vorschriften verstoßen, sondern lediglich die Zeichen der Zeit genutzt.

Und so ging es reihum: Bei der Verteilung der Bodennutzungsrechte konnten die Gemeindevorsteher riesige Landflächen in kürzester Zeit an ihre Freunde und Bekannten verscherbeln – absolut legal unter Einhaltung aller Vorschriften.

Bei der Privatisierung von riesigen Staatsbetrieben konnten die Direktoren diese zu einem Pappenstil übernehmen. Zwar hatten auch die Mitarbeiter einen Anteilsschein erhalten, der ihnen Beteiligungsrechte am Unternehmen zusicherte: Viele holten diesen Anteilsschein jedoch nicht einmal ab – andere verkauften ihn für eine Flasche Wodka. Der Großteil der Bevölkerung wusste nicht, was mit diesem Papier anzufangen war. An Metrostationen und Fußgängerunterführungen verkauften die Leute für lächerlich kleine Summen ihre Gutscheine – und waren zufrieden, sie endlich los zu sein, einen Dummen gefunden zu haben, der für einen Fetzen Papier echte Rubel gab.

Die meisten großen Vermögen wurden so legal erschaffen, sicherlich in den meisten Fällen moralisch und ethisch nicht zu billigen – aber wo in Gottes Welt verzichten Geschäftsleute schon freiwillig auf ein gutes und legales Geschäft aus moralischen Rücksichten? Das ist in Ländern des klassischen Kapitalismus nicht anders als in denen des ehemaligen Sozialismus.

Eine andere Frage ist, was die Personen, die so leicht in kürzester Zeit Geld verdienten, aus diesem Geld gemacht haben.

Was, denken Sie, wäre die logische Reaktion und Folge, wenn jemand in einer fünfköpfigen Familie in einer Zweizimmerwohnung aufwuchs, nie ins Ausland durfte, von einem Auto nicht zu träumen wagte, solches auch bei seinen Nachbarn nie gesehen hat und weiß, dass auch Eltern, Großeltern und Urgroßeltern in diesen engen Schranken leben mussten? Richtig geraten: Genau das, was auch passiert ist. Man wollte von allem kosten, so viel als möglich, alles bis an die Grenzen ausreizen. Es wurden Wohnschlösser gebaut, in denen man sich verirren konnte, Autos mussten her, die allen Superlativen genügten, und die Welt wollte man in Saus und Braus kennenlernen, in teuersten Luxushotels, mit der eigenen Yacht und dem Privatflugzeug.

Natürlich verstand man im Westen die Welt nicht mehr: Das konnten doch wohl nur einige wenige sein, die das Geld den Armen gestohlen hatten.

Man wollte und will bis heute nicht zur Kenntnis nehmen, wie reich dieses Land ist, dass der Reichtum buchstäblich am Boden (meist einige Meter unter dem Boden) liegt und nur aufgehoben zu werden braucht.

Die Mär von den wenigen Superreichen und den vielen Armen, die am Hungertuch nagen, sollte endlich der Vergangenheit angehören. Sind das nur die paar Oligarchen, die sich vielteilen und alle Skipisten und Badestrände der Welt bevölkern? Sind es dieselben paar Oligarchen, die mit ihren teuren Karossen den Straßenverkehr in Russlands Städten zum Erliegen bringen?

Allen Unkenrufen zum Trotz: In Russland hat sich ein breiter und kräftiger Mittelstand gebildet, der die Wirtschaft als Käuferschaft mit hohen Umdrehungszahlen ankurbelt.

> Keine Angst, wenn Ihr neuer Geschäftspartner einer dieser neureichen «Neuen Russen» ist. Er muss deshalb noch lange kein Mafioso sein.

5.5 Hierarchien

In Russland ist man äußerst hierarchiebewusst, für uns oft unverständlich und geradezu lächerlich. So finden sich auf den Visitenkarten oft die Bezeichnungen «junger Experte» oder «alter Experte». Dazwischen liegt dann hierarchiemäßig der «Experte». Eine Karriereleiter eines Juristen beispielsweise ist vorgegeben:

Juristischer Gehilfe – junger Jurist – Jurist – alter Jurist – juristischer Abteilungsleiter – leitender Jurist – Chefjurist.

Flache Hierarchien, wie wir sie bei uns gewohnt sind, werden in Russland nicht verstanden. Es muss klar sein, wer unten und wer oben ist. Jeder will auch auf der Karriereleiter hochsteigen, man will nach oben kommen. Demokratisch flache Strukturen bieten zu wenig Aufstiegsmöglichkeiten. Erstrebt ist alle zwei Jahre eine neue Visitenkarte mit einer besseren Rangbezeichnung.

Im Umgang mit anderen Firmen müssen Sie peinlich genau darauf achten, dass Sie sich möglichst hoch ansiedeln. Haben Sie einmal mit dem Boss gesprochen, so achten Sie darauf, dass Sie diesen Level halten – auch wenn die eigentliche Arbeit nicht vom Boss gemacht wird und im Tagesgeschäft für Sie eine oder zwei Hierarchiestufen darunter weit wichtiger sind. Die Kontaktpflege mit den Stufen darunter sollten aber nicht mehr Sie aufrecht erhalten – das soll einer Ihrer Mitarbeiter tun.

Sieht der Boss, dass Sie sich auf einer Stufe unter ihm ansiedeln, so ist die Hackordnung gemacht. Er würde sich sein eigenes Image verderben, mit Leuten der Stufe unter ihm zu verhandeln.

Laden Sie zu einem gesellschaftlichen Anlass nie den Boss und seine Untergebenen gleichzeitig ein. Das ist eine Beleidigung. Bei einem größeren Firmenfest mag das vielleicht gehen, dann muss aber dort ganz klar die Rangordnung zum Ausdruck kommen: Sie sitzen mit dem Boss und anderen gleichrangigen Bossen an einem separaten Tisch – besser noch in einem separaten Kabinett.

Die für Sie und Ihre Firma in der Alltagspraxis weit wichtigere Kontaktperson der unteren Ebene wird Ihnen das nicht verübeln – das ist so und muss so sein. Im Gegenteil, er schätzt so ein zwischendurch von Ihnen an ihn gerichtetes freundliches Wort weit mehr. Es kommt nämlich von oben, von der Stufe seines Chefs.

Positionieren Sie sich möglichst hoch in der Hierarchie und steigen Sie nicht mehr ab.

5.6 Typische Firmenkulturen

Die Sowjetunion ist noch lange nicht überall untergegangen. Je tiefer Sie in die Provinz kommen, desto eher treffen Sie auf dieselben Strukturen, wie Sie sie zu Sowjetzeiten angetroffen haben. Der örtliche Gouverneur entscheidet über alles; jeder Fabrikdirektor und Firmeneigentümer spricht ihm nach dem Mund. Der Gouverneur ist der Allmächtige in seiner Provinz, er zieht alle Fäden, er teilt zu und verweigert. Wenn Sie sich wenigstens mit der Aura umgeben können, ein «Schützling» des Gouverneurs zu sein, so ist die Sache gelaufen. Zwar wird die untere Beamtenschaft Sie weiterhin mit bürokratischen Auflagen belästigen und Ihnen Steine in den Weg legen – jedoch nicht über die Reizgrenze, wo erwartet wird, dass Sie von Ihren Verbindungen Gebrauch machen würden.

Geben Sie darauf Acht, dass wenigstens das Gerücht von Ihrem guten Beziehungsnetz aufrecht erhalten wird. Ein Foto im Besprechungszimmer, das Sie zusammen mit dem Gouverneur zeigt, wirkt Wunder (schlimmstenfalls genügt auch eine Fotomontage).

In solcher Provinz leben oft noch alte Traditionen, insbesondere wenn es sich um staatsnahe Betriebe handelt, wo die alte Garde das Sagen hat. Da ist ein gemeinsamer Saunagang (sagen Sie ja nie «Sauna», in Russland ist das die «Banja») ein absolutes Muss. Auch das Glas Wodka darf nicht verschmäht werden. Die Details des Geschäfts sind zwei- und drittrangig – das werden dann die ausführenden Untergebenen schon miteinander aushandeln.

In den großen Städten, insbesondere in Moskau, sind diese Zeiten vorbei. Das Geschäft ist knallhart geworden. Zeit ist Geld, und in erster Linie werden die Lieferbedingungen analysiert und verhandelt.

Wesentlich unterschiedlich sind auch die Kulturen zwischen staatlichen und halbstaatlichen Firmen einerseits und Firmen, die von Privateigentümern beherrscht sind.

Der juristische Mantel, der äußere Anschein hat da nichts zu sagen. Die meisten Strukturen sind in die privatrechtliche Form der AG («AO») oder GmbH («OOO») verpackt.

Um es auf den Punkt zu bringen: Es ist der Unterschied zwischen «Schwätzern» und «Machern». Markenzeichen der staatsnahen Betriebe sind lange und unstrukturierte Verhandlungen, wo man von vornherein davon ausgehen kann, dass die heute zur Diskussion stehende Frage nicht entschieden werden wird. Das ist auch folgerichtig: Zuerst müssen die Instruktionen von «oben» eingeholt werden. Der Verhandlungsleiter der Gegenseite muss sein während der Verhandlung erworbenes Wissen zuerst dem «Natschalnik» (dem Chef) vorlegen und dessen Entscheidung abwarten.

In eigentümergeleiteten Firmen ist das anders: Der Verhandlungsführer hat einen klaren Verhandlungsauftrag und eine Entscheidungskompetenz. Die zu erwartenden Optionen und Varianten wurden vor dem Treffen besprochen.

Die staatlich beherrschte Firmen sind auch oft ein Teil einer vertikalen Holdingstruktur. Die Entscheidungen der Tochterfirma müssen bei der Muttergesellschaft abgesegnet werden – oder mindestens auf der von ihr vorgegebenen Generallinie liegen.

Nicht staatliche Firmengruppen sind oft nicht in einer strengen vertikalen Holdingstruktur organisiert. Das ist oft ein loses Konglomerat von Firmen, deren Eigentümer irgendwie miteinander verbunden sind. Meist sind keine Mutter-Tochter-Strukturen ersichtlich.

Lediglich die wirtschaftlichen Eigentümer sind (oft über komplizierte Off-Shore-Strukturen) bei allen zur Gruppe gehörenden Firmen dieselben.

Zu einer solchen Gruppe können auch Firmen gehören, die im Besitze eines Aktionärs sind, der nicht zu den großen Hauptfiguranten gehort.

Nehmen wir an, die Firmengruppe «KOK» wird von den Herren X, Y und Z beherrscht. In allen größeren Firmen der Gruppe erscheinen diese drei als Hauptaktionäre. Sie erscheinen meist nicht direkt mit eigenem Namen, stecken aber doch hinter irgendeiner BVI-Firma, die klar ihnen zuzurechnen ist.

Nun kann es sein, dass man gewisse Geschäfte einem anerkannten Spezialisten in eigener Regie überlässt – dann muss dieser sich aber streng an die Gruppendisziplin halten. So wird zum Beispiel der zentralisierte Einkauf von Zulieferteilen für die Produktionsfirmen der Gruppe dem Herrn M. überlassen. Der gründet eine Firma, die zu 100 Prozent ihm gehört, und er darf darin schalten und walten, wie er will – im Prinzip. Er ist fest in den Mechanismus der Gruppenwirtschaft eingebunden und angehalten, immer im Gruppeninteresse zu handeln. Natürlich wird ihm erlaubt, seine Gewinne zu machen und diese auch privat zu realisieren, das aber mit Maß. Auch erhält er hie und da Winke mit dem Zaunpfahl, dass er sich so und nicht anders zu verhalten habe. Aber wehe, er tut es nicht: Vom nächsten Tag an bekommt er keine Aufträge der Gruppenfirmen mehr. Aus ist das Geschäft.

Solche Firmen gehören zu den angenehmsten Partnern. Ein klarer Eigentümer mit klaren Aufträgen, die er speditiv erledigen muss. Die Bezahlung ist gesichert, denn hinter ihm steht eine mächtige Gruppe, die sich keinen Imageschaden leisten will.

5.7 Die doppelte Buchhaltung

Wenn ein Unternehmer in Russland behauptet, er käme ohne schwarze Kasse aus und führe alles in seiner Steuerbuchhaltung mit, so sehe ich nur zwei Möglichkeiten:
- Er ist ein schamloser Lügner, oder
- seine Mitarbeiter führen diese Kasse ohne sein Wissen: Dann ist er dumm und nicht mehr lange Firmeninhaber.

Noch vor zehn Jahren hätte ich den Schwarzmarktanteil in der russischen Volkswirtschaft auf über zwei Drittel geschätzt. Das ist heute bestimmt wesentlich geringer. Die gesetzlichen Vorschriften verlieren schrittweise ihre Absurdität, und damit ebnet sich der Weg in eine reguläre Offenlegung der Finanzen.

Im Grunde wollen das auch die Unternehmer. Man ist es leid, überall Bargeld verstecken zu müssen, Notengeld in Empfang nehmen zu müssen im Wissen, wie viel Falschgeld im Umlauf ist.

6. Geschäftsanbahnung

6.1 Partnersuche

Eine systematische Suche von möglichen Geschäftspartnern ist noch immer nicht so einfach wie bei uns. Vollständige Branchenführer gibt es noch keine. Teure Marktanalysen von darauf spezialisierten Firmen wollen und können sich jedoch die meisten mittelständischen Betriebe nicht leisten. Sich aber von zufälligen Messe- oder gar Ferienbekanntschaften leiten zu lassen, ist sicherlich nicht der richtige Weg.

Erste Orientierungshilfen sind etwa *Fachzeitschriften, Branchenführer* und *Messekataloge*.

Zunehmend wichtig wird auch in Russland die *Internetrecherche*. Nur sollte die Recherche selbstverständlich in Kyrillisch erfolgen.

Ebenso sind *Mitgliederlisten des Industriellenverbands* oder von *Mittelstandsvereinigungen* wie OPORA gute Informationsquellen.

Auch gezieltes Networking in der eigenen Landesdiaspora in Moskau oder St. Petersburg wird hilfreich sein. Dabei sollten Sie nicht nur an die Wirtschaftsabteilung der eigenen Botschaft denken, sondern auch an Vertretungen von Banken und Fluggesellschaften, den Verband der deutschen Wirtschaft oder die Handelskammern.

Zu empfehlen sind Kontakte mit Firmen aus ähnlichen Branchen, die schon länger im Geschäft sind und mit denen eventuell Synergien entwickelt werden könnten.

6.2 Hintergrundinformationen zum Partner

Hat man erst mal eine Liste von möglichen Partnern zusammen, so beginnt deren Bonitätsprüfung. Dies gestaltet sich um einiges schwieriger. Die wenigsten russischen Firmen haben schon eine lange Firmengeschichte.

Die längste könnte heute 16 Jahre alt sein, gegründet 1991, als man zum ersten Mal privatrechtliche juristische Personen registrieren konnte.

Aus verschiedenen, vor allem fiskalischen Gründen wurden Firmen jedoch oft umregistriert oder neu gegründet. Zehnjährige Firmen haben heute als sehr alt und bewährt zu gelten.

Hintergrundinformationen kann man sich bei Wirtschaftsauskunfteien wie Dun&Bradstreet, Creditreform, Coface Intercredit oder bei Nachrichtenagenturen wie Interfax besorgen.

Zudem gibt es verschiedene Firmen, die den Geheimdiensten nahe stehen und praktisch die gesammelten Staatsgeheimnisse zum Verkauf auf dem Markt anbieten.

Diese Auskünfte sind jedoch von sehr unterschiedlicher Qualität. Manchmal wird man bei solchen Berichten das Gefühl nicht los, dass der Dienst mit der Firma eng befreundet sei. Die zuverlässigste Informationsquelle zu einem möglichen neuen Partner ist wohl noch immer die gute alte Referenzliste.

6.3 Erstes Treffen

Geschäftstreffen in Russland sind oft sehr unstrukturiert. Vor allem wenn Sie mit staatlichen oder halbstaatlichen Strukturen zu tun haben, können Sie unter Umständen einiges erleben:

* Die Person, mit der Sie sich verabredet haben, erscheint nicht, sondern schickt jemanden in Stellvertretung. Meist ist dann die Standardentschuldigung: Er wurde dringend in den Kreml gerufen, zum Minister oder Ministerpräsidenten. (In Tat und Wahr-

heit ist er aber wahrscheinlich einfach noch nicht aufgestanden, weil's am Vorabend etwas spät wurde.)

- Man lässt Sie zuerst im Vorzimmer eine Stunde warten, weil das Treffen mit der vorhergehenden Delegation noch andauert.
- Es sind gleichzeitig noch andere Besucher anwesend, die ein ganz anderes Thema zu besprechen haben. So kommen Sie dann in den Genuss, in eine komplett andere Verhandlung mit einbezogen zu werden – mitunter werden Sie sogar um Rat und Ihre persönliche Meinung dazu gefragt.

Standardmäßig läuft das erste Treffen eher kühl und bautzig ab. Machen Sie sich nichts draus, ziehen Sie keine falschen Schlüsse. Das hat nichts zu sagen. Beim zweiten Treffen wird das schon viel besser sein, da kommen Sie dann schon als ein alter Bekannter.

6.3.1 Dresscode

«Kleider machen Leute» gilt wohl selten in einer Kultur so ausgeprägt wie in Russland. Russinnen und Russen, die etwas auf sich geben und nicht zu den Ausgestoßenen zählen wollen, sind immer aufs Feinste gekleidet.

Zu Zeiten der späten Sowjetunion, als es in den Läden nichts zu kaufen gab (und schon gar keine ordentlichen Kleider), sah man trotzdem auf der Straße die schönste Damenmode. Jede junge Frau kaufte sich Stoff und Faden und entwarf und schneiderte sich nach eigener Fantasie ein eigenes – bestens auf ihren Körper angepasstes – Kleid. BURDA-Schnittmuster waren zum Beispiel ein begehrtes Handelsobjekt auf dem Schwarzmarkt.

Mit der Kleidung versucht man auch seinen sozialen Stand anzuzeigen. Ausgerechnet im System der sozialistischen Gleichmacherei des «Arbeiter- und Bauernstaates» waren viele sehr darauf bedacht, nur ja nicht als Arbeiter oder Bauer zu gelten.

Der Automechaniker, der meinen «Buick Park Avenue» reparierte (einheimische, russische Wagen zu reparieren wäre unter seiner Würde gewesen), trug immer seine Krawatte – auch wenn er unter den Wagen kriechen musste.

Bei uns ist es schon eher möglich, auch einmal im Rollkragenpullover zu einer Sitzung zu kommen. Anders in Russland: Tragen Sie als Geschäftmann praktisch immer Anzug und Krawatte, als Geschäftsfrau einen gediegenen Hosenanzug oder ein dezentes Deuxpièce.

Auch die Schuhe sollten Sie, wenn immer möglich, frisch glänzend gehalten. Nebenbei: Es gehört für mich zu einem der ungelösten Rätsel Russlands, wie es die Russinnen und Russen trotz der morastreichen Straßen schaffen, ihre Schuhe permanent sauber und glänzend zu halten.

Trotz Wissen um die Bedeutung der äußeren Erscheinung ist mir offensichtlich ein Fauxpas passiert. Ich war es gewohnt, ordentliche Anzüge und Schuhe zu kaufen – die Marke war mir egal. Das war ein Fehler: Einem meiner russischen Geschäftspartner war es ganz offensichtlich peinlich, sich in der Öffentlichkeit mit einem derart provinziellen Bauern zu zeigen: Er schenkte mir fünf teure Anzüge der Marke LANVIN und rahmengenähte Markenschuhe mit perforiertem Oberleder – mit der unmissverständlichen Bitte, mich in seiner Nähe und in seinem Bekanntenkreis nur noch so ausgestattet zu zeigen.

Ein perfektes Outfit ist entscheidend. Man schätzt keine armen Geschäftspartner oder Bekannten. Schließlich gilt auch in Russland: «Sag mir, mit wem du gehst, und ich sage dir, wer du bist.»

Das ist ein Element des Beziehungsnetzes: Man will seiner Umgebung zeigen, mit wem man Umgang pflegt. Die eigene Wertschätzung hängt auch davon ab, mit wem man sich zeigt.

6.3.2 Geschenke

Bei uns gib es ein Sprichwort: «Kleine Geschenke erhalten die Freundschaft.»

Das ist in Russland falsch. Geschenke dürfen nicht klein sein. Dabei ist «klein» buchstäblich im wörtlichen Sinn gemeint. Geschenke müssen nicht teuer sein – aber «klein» sollten sie nicht sein. Das ist wohl ein Ausdruck des russischen Wesens, das grundsätzlich kein Auge für Details, Kleinigkeiten und Feinheiten hat. In Russland muss alles groß und klobig sein.

Bringen Sie auf keinen Fall billige Souvenirkugelschreiber mit Reklameaufschrift mit: So etwas zu schenken ist eher eine Beleidigung. Wollen Sie einen teureren Kugelschreiber schenken, so sollte er wenigstens in einer möglichst großen Schachtel verpackt sein.

Ein altes, traditionelles Geschenk für Männer ist immer noch die Flasche Cognac oder Whisky. Cognac sollte aus Frankreich sein, kein armenischer oder georgischer (obwohl der meines Erachtens mindestens so gut ist).

Heute wird auch eine gute Flasche Wein geschätzt. Die sollten Sie aber aus dem Westen mitschleppen und nicht in Russland kaufen. Wenn auf der Flasche die russische Akzise-Marke der Steuerverwaltung klebt, mindert das deren Ansehen enorm. Man traut den eigenen Verkaufsorganisationen nicht: «Die haben wahrscheinlich doch nur irgendwelchen Fusel in Flaschen abgefüllt und verkaufen sie jetzt mit gefälschten Etiketten als französischen Bordeaux!»

Schweizer Offiziersmesser sind ein beliebtes Mitbringsel: Verschenken jedoch tut man sie nicht. Messer schenken bringt Unglück und zerschneidet die Freundschaft. Messer darf man nur verkaufen. Bei der Übergabe müssen Sie Bezahlung einfordern, in der Regel eine Kopeke.

Wenn Sie bei jemandem zu Hause eingeladen sind, sollten Sie nicht mit leeren Händen hingehen. Ein Blumenstrauß für die Gastgeberin ist obligat.

Blumen werden übrigens in Russland sehr oft geschenkt und interessanterweise nicht nur an Frauen. Seien Sie als Mann also nicht überrascht, wenn ein Mann Ihnen Blumen schenkt – das heißt überhaupt nicht, dass er Sie dem anderen Ufer zuordnet oder Sie ihn dort ansiedeln müssen.

6.3.3 Anrede

In Russland gibt es zwei Höflichkeitsformen, die dem deutschen «Sie» entsprechen.

Das ist einerseits das normale «Herr» oder «Frau/Herrin» (*Gospodin* oder *Gosposcha*) plus Familienname.

Die unter Russen übliche Form der höflichen Anrede per Sie ist die der Verwendung von Vorname und Vatersname.

Die Russen haben neben dem Familiennamen und dem durch die Eltern gegebenen Vornamen noch den Vatersnamen als Namensbestandteil. Der ist nicht frei wählbar, sondern hängt vom Vornamen des Vaters ab. Diesem wird die Endung «-owitsch» (bei Männern) oder «-owna» (bei Frauen) angehängt.

Da ich Karl heiße und mein Vater ebenso Karl, bin ich folglich Karl Karlowitsch. Meine Schwester Eva ist entsprechend Eva Karlowna.

Wenn Sie mit einer Ekaterina zu tun haben, deren Vater Pawel (Paul) hieß, so sprechen Sie sie als «Ekaterina Pawlowna» an. Das ist die gebräuchlichste Höflichkeitsform.

Die Anrede als Herr oder Herrin (*Gospodin* oder *Gosposcha*) mit Familiennamen war in der Sowjetunion verpönt, da es nach der kommunistischen Doktrin keine Herren und Herrinnen mehr gab. Sie wurde nur noch für Ausländer gebraucht. Wenn man allerdings jemanden als unkollegial, hochnäsig oder dergleichen verspotten wollte, wurde er in dieser Form angesprochen. Dieser leicht spöttische Unterton hat sich bis heute erhalten.

Wenn man sich etwas näher gekommen ist, spricht man sich gegenseitig oft beim Vornamen an, behält aber das «Sie» bei.

«Sergei, darf ich Sie bitten, mir den Teller herüberzureichen?»

Traditionellerweise kommt man nicht schnell zum «Du». Oft sprechen Kinder ihre Eltern ein Leben lang per Sie an. Auch Mitarbeiter untereinander halten sich oft jahrelang an die Sie-Form.

Das «Du» muss auch nicht immer gegenseitig sein. Oft wird die ältere oder sozial höhere Person per Sie angesprochen, während diese einen duzt. Nicht selten trifft man es an, dass der Chef seine Untergebenen duzt, er aber mit «Sie» angesprochen wird.

6.3.4 Gesprächsführung

Eine meiner Bekannten ist Chefeinkäuferin eines großen russischen Konzerns. Sie führt vorwiegend die Preisverhandlungen für Importwaren. Ich fragte sie, welche Unterschiede sie in der Verhandlungstaktik, insbesondere der «Aufwärmphase», zu Gesprächsbeginn der verschiedenen Lieferanten feststelle; ob die Unterschiede vorwiegend in der konzerneigenen Corporate Identity oder in der Nationalität des Verkäufers liegen. Sie ist fest vom Letzteren überzeugt. Sie schilderte mir die Unterschiede etwa wie folgt:

- Die Deutschen gehen strukturiert und logisch vor: Zuerst sprechen sie von der Weltpolitik im Allgemeinen, nachher von der Russlandpolitik, anschließend über die Allgemeine Wirtschaftslage mit ihren Einflüssen auf die Preisbildung im entsprechenden Marktsegment und schließlich über die wesentlichen Elemente der Preisgestaltung für das in Frage stehende konkrete Produkt.

- Die Italiener sprechen über das, was sie im Moment gerade am meisten emotional bewegt. Das kann alles sein: Die scheußliche Pizza von vorgestern, die glanzvolle Rede des Premierministers, die ewigen Nörgeleien der Mutter, die schwankende Qualität der letzten Lieferungen – tatsächlich alles Mögliche.

- Die Schweizer beginnen vorwiegend mit familiären Themen. Sie bringen Fotos der Familie mit, erzählen nicht selten auch von ihren familiären Problemen. Letzthin hätte sie sich von einem Verkäufer, der kurz vor seiner Hochzeit stand, eine halbe Stunde dessen Probleme mit dem Geschirreinkauf anhören müssen.

Sie meint, es sei für sie sehr wichtig und gut, wenn sich ihre Lieferanten in dem von ihnen gewählten Aufwärmthema wohl fühlen und aussprechen können. Nachdem sie sich psychologisch entlastet und die Seele freigesprochen hätten, seien sie viel gutmütiger in der Preisverhandlung: So erreiche sie die billigsten Preise …

Russen trennen scharf zwischen Arbeit und Freizeit. In der Freizeit über die Arbeit zu sprechen, wird als lästig empfunden. Abendliche «Geschäftsessen» sollten nicht mit geschäftlichen Themen belastet werden. Sie dienen zum Kennenlernen und vor allem dem schlichten gemeinsamen Vergnügen. Hier spricht man über alles, außer übers Geschäft. Man erfährt einiges über Hobbys, die Familie, die Landessitten und so weiter.

Bei dieser Gelegenheit sollten auch Ihre Kenntnisse der russischen Kultur zur Geltung kommen. Russen anerkennen in hohem Maße, wenn Sie etwas über ihre Kultur wissen. Es wird sich auszahlen, wenn Sie bei solcher Gelegenheit etwas einfließen lassen von dem, was Sie im Anhang zu diesem Buch gelesen haben («Mitbürger, auf die man stolz ist», Seite 169 ff.). Besonders vorteilhaft ist es, wenn Sie zeigen, dass Sie sich um einige Worte Russisch bemüht haben – wenn Sie zum Beispiel einen Trinkspruch beginnen mit: «Dorogie drusja» (Liebe Freunde). Wie gesagt: Russen machen Geschäfte in erster Linie mit Freunden.

Während der geschäftlichen Treffen im Büro hingegen spricht man konkret übers Geschäft. Lange Einleitungen und «Aufwärmphasen» gehören nicht zum Gesprächsstil.

Ein mir bekannter russischer Konzernleiter gibt mir in der Regel 15 Minuten, meine Sache vorzulegen. Er ist der Meinung, wer seine Sache nicht kurz, bündig und konzentriert darlegen könne, dem fehle die Fähigkeit, Wesentliches von Unwesentlichem zu unterscheiden.

Da ist aber das Feld weit, und nicht alle sind dermaßen konzentriert wie dieser Konzernleiter. Oft müssen Sie feststellen, dass Ihr Gesprächspartner nicht vorbereitet ist und die Verhandlung chaotisch und unstrukturiert abläuft. Dies vor allem, wenn Sie es mit staatlichen oder halbstaatlichen Strukturen zu tun haben. Weil Ihr gegenüber mit dem Wesentlichen nicht vertraut ist, werden dann plötzlich irgendwelche Details wichtig, wie die Farbgebung für den Zentralcomputer oder Ähnliches. Sie reden zwar wirklich nur über das Geschäft, aber über die Nebensächlichkeiten.

7. Mitarbeiter

Über drei Generationen hinweg wurde den Menschen eingetrichtert: Private Arbeitgeber sind Kapitalisten, Ausbeuter, die nur eins im Sinn haben: den Arbeitnehmer schamlos auszubeuten, ihn zu überfordern und ihn nicht gerecht zu entlohnen.

Auch im kommunistischen System, wo es keine privaten kapitalistischen Ausbeuter mehr gab, merkten die Arbeiter bald, dass Vater Staat um nichts besser ist. Nur – man hatte keine Alternative, den Arbeitgeber zu wechseln, es gab nur diesen einen.

Eine gängige Redewendung war: «Der Staat tut so, als ob er uns bezahlen würde, und wir tun so, als ob wir arbeiten würden.»

Vor allem in den letzten Jahren des kommunistischen Systems hat man sich anderweitig entschädigt: Die Arbeitsstelle war nicht der Ort, wo man arbeitete, es war der Ort, wo man sich traf, um miteinander zu plaudern, Tee oder Wodka zu trinken und sich an all dem zu bedienen, was «schlecht herumlag». Alles, was in den Fabriken, Baustellen, Läden und so weiter herumlag, war ja Volkseigentum. Jedermann betrachtete sich am Arbeitsplatz als «Volk» und bediente sich.

Die Mentalität ist geblieben: Die Arbeitgeber sind Ausbeuter und bezahlen zu schlecht. Es ist folglich nicht amoralisch, ihn zu bestehlen und für diesen «schäbigen» Lohn nur das absolut mögliche Minimum zu leisten. Es ist eigentlich eine Schande, für einen «Djadja» (Onkel) arbeiten zu müssen. Wer immer kann, macht sich selbstständig.

7.1 Arbeitsethik

Gleichwohl wäre es falsch, russische Arbeiterinnen und Arbeiter als faul und arbeitsscheu anzusehen. Wenn es brennt und es einsichtig ist, dass wirklich eine Sonderschicht eingelegt werden muss, so können sie arbeiten bis zum Umfallen. Sie können anpacken, schnell und tüchtig. So ganz genau und perfekt wird es dabei in der Regel aber nicht sein.

Gerne zitiere ich bei dieser Gelegenheit folgenden Vergleich: Schauen Sie sich unsere gotischen Münster und Kathedralen des 13. und 14. Jahrhunderts an: Welche Meisterwerke der Bautechnik und Genauigkeit. Jeder Quader steht auf dem anderen in Millimetergenauigkeit. Die meterhohen, schmalen, parallelen Fensteröffnungen streben schnurgerade gen Himmel.

Und dazu vergleichen sie eine der wunderschönen, zwiebelturmbesetzten russischen Kirchen des 16. und 17. Jahrhunderts: Meisterwerke der Ästhetik und Proportionen. Wenn sie jedoch genau hinschauen, werden Sie sehen, dass im Detail alles schief und ungefähr ist. Fensterrahmen, die vom Architekten sicherlich rechteckig geplant waren, halten weder Waagrechte noch Senkrechte – ja können auch mal leicht krumm sein. Die Simse können ohne Weiteres grundlos unterschiedlich dick sein. Was jedoch zu guter Letzt das bessere Resultat sei, wage ich nicht zu beurteilen.

Alles, was ich von einem auch formal korrekten Geschäftsbrief erwarte – nach jeder Interpunktion ein Leerschlag, keine Tippfehler, eine sinnvolle Betreffniszeile, Tabellen ordentlich untereinander und so weiter –, treffe ich bei einem russischen Brief nur selten an.

Wenn ich solche Dinge als Arbeitgeber bemängle, so weiß ich ganz genau, dass mich meine Mitarbeiter für unverständlich kleinkariert halten: Was soll das? Die Nachricht und der Inhalt waren doch auch so klar verständlich! So ein sinnloser Formalismus!

Erwarten Sie in Russland keine protestantische Arbeitsethik.

7.2 Mitarbeiter oder Mitarbeiterin

Man darf wohl ohne große Übertreibung sagen: Die russische Wirtschaft wird von den Frauen und Gastarbeitern getragen. Natürlich ist es wie bei allen Verallgemeinerungen: Es gibt Ausnahmen. Aber eben, die Ausnahmen bestätigen die Regel.

Wenn Sie sich russische Baustellen ansehen, so sind diejenigen, die physische Arbeiten erledigen, in aller Regel Frauen oder Gastarbeiter aus der Ukraine, aus Moldawien, Zentralasien oder Weißrussland. Wenn Sie dort Russen sehen, sind es wohl die Vermessungsingenieure am Nivelliergerät, der Verkehrspolizist, der den Verkehr um die Baustelle regelt, die Sicherheitskräfte, die die Baustelle bewachen, vielleicht der Kranführer oder der Lastwagenchauffeur.

Noch deutlicher ist das Bild in den Dienstleistungsbetrieben. Die wirklich Arbeitenden, die, die Basisarbeiten am Computer und an der Front erledigen, sind fast ausschließlich Frauen. Wo sind denn die Männer? Die sind Chefs. Sie koordinieren und leiten die Arbeit der Frauen.

Wenn immer man einen tüchtigen männlichen Mitarbeiter hat, ist es in der Regel der größte Fehler, ihn zu befördern. Das Erste, was er tun wird, ist aufzuhören zu arbeiten. Er wird sich zurücklehnen und alle ihm zugewiesene Arbeit delegieren. Er wird sich um die großen Konzepte, Strategien, Geschäftsphilosophie und dergleichen Gedanken machen. Das Resultat dieser Gedanken werden Sie selten je auf einem Konzeptpapier materialisiert sehen – außer eine Sekretärin erledige das.

7.3 Fachausbildung

Die Schulbildung in der Sowjetunion war hervorragend. Die Schüler lernten viel, und es wurde viel von ihnen gefordert. Man zog eine wissbegierige Nation heran. Die Schule war nicht in erster Linie der Ort von Betreuung oder Beschäftigung, von Unterhaltung und Sozialisierung. Fähigkeiten wurden gelehrt und gedrillt. Wissen wurde vermittelt. Interessen wurden geweckt.

Nur war die Ausbildung nicht am Ideal Pestalozzis orientiert: gleichwertige Ausbildung von Kopf, Herz und Hand. Die Ausbildung war und ist sehr kopflastig. Das Schulwesen ist orientiert am Ziel der Hochschulausbildung. Das Ganze ist wie eine Olympiade – Ausscheidung zu Universität oder Hochschulinstitut. Handwerker wird der, der irgendwann aus dem Rennen gefallen ist. Das war auch im Arbeiter- und Bauernstaat so.

Die technischen Lehrstätten oder das Technikum werden von Schülern besucht, die aus irgendwelchen Gründen die Hürden zum Hochschulstudium nicht genommen haben, und die Fachausbildung in handwerklichen Berufen lässt schwer zu wünschen übrig.

Wenn Sie einen Computerprogrammierer suchen, der Ihnen mathematische Wolkenmodelle programmiert, so haben Sie keine Schwierigkeiten, in kurzer Zeit einen hervorragenden Fachmann zu finden, der bereit ist, für ein bescheidenes Honorar zu arbeiten. Suchen Sie jedoch einen Sanitärinstallateur, der Ihnen die Wasserleitungen im Haus ordentlich und fachgerecht verlegt, so hilft nur Bescheidenheit und Gottvertrauen.

Einen Druckerei-Ingenieur, der eine Druckerei auslegen und planen kann, müssen Sie nicht lange suchen – er wird perfekte Arbeit leisten. Hingegen einen Drucker, der die Maschine richtig einstellen, die Walzen aufeinander abstimmen und das Papier fachgerecht einlegen kann – den müssen Sie gar nicht erst suchen: Stellen Sie irgendjemanden ein und schicken Sie ihn zuerst zur Ausbildung nach Westeuropa.

Dazu kommt, dass Handwerksarbeiten oft nicht von ausgebildeten Fachkräften erledigt werden, sondern von «Gastarbeitern» aus Mittelasien und dem Kaukasus. Man heuert sie als Billigstkräfte an, und kein Mensch fragt nach deren Diplomen. Jedermann weiß, dass das sinnlos wäre, weil so ein Diplom an jeder Straßenecke für drei Rubel zu kaufen ist.

Das sind zwar meist tüchtige und willige Personen mit unverkennbar handwerklichem Geschick – jedoch fehlen klar die systematische Ausbildung und der Blick fürs Detail.

Nehmen wir ein Beispiel: die Lichtschalter. In Mittel- und Westeuropa sind sie traditionell nach der Zimmereingangstür rechts auf Ellenbogenhöhe angebracht, sodass wir nach dem Öffnen der Tür reflexartig den Schalter finden.

In Russland ist das traditionell anders. Der Schalter fürs nächste Zimmer liegt außerhalb, irgendwo vor der Zimmertür. Ausgebildete Fachkräfte haben früher jeweils irgendwo im Innern des Zimmers noch einen zweiten Schalter eingebaut, so dass man das Licht auch vom Innern des Zimmers bedienen konnte. Das gehört heute nicht mehr zu den Selbstverständlichkeiten. Ich muss in meiner neuen Wohnung, nachdem ich im Bett noch etwas gelesen habe, wieder aufstehen, um außerhalb des Schlafzimmers das Licht löschen zu gehen.

Leider ist in letzter Zeit eine Tendenz festzustellen, dass auch die Qualität der Hochschulausbildung nachlässt. Der Grund ist nahe liegend: Den Hochschulen fehlt es an Kadern. Noch immer sitzen dort die unterbezahlten Lehrkräfte aus sowjetischen Zeiten. Aber junge, qualifizierte Fachkräfte ziehen nicht nach. Diese gehen ins Ausland oder nehmen Managementposten in der Industrie an, wo sie weit mehr verdienen.

Die alten aber, die unangefochten auf ihren Sesseln kleben, weil sie keinen Druck von unten spüren, haben wenig Motivation, neues dazuzulernen.

Letzthin erzählte mir ein Elektronik-Ingenieur, dass er Studenten seiner Hochschule getroffen hätte, an der er vor 15 Jahren abgeschlossen habe. Dort würden für Computertechnologie noch dieselben Lehrbücher verwendet, anhand derer er vor 20 Jahren studiert hätte – und die damals schon veraltet waren.

Ähnliches kann ich in meinem Fachbereich, dem öffentlichen Recht, beobachten. Die Professoren für Staats- und Verwaltungsrecht sind noch dieselben, die vor der Wende von 1991 an den Hochschulen diese Fächer doziert haben. Sie propagierten damals den Planwirtschaftsstaat und die Diktatur des Proletariats. Das Wort «Rechtsstaat» war unbekannt. Dass in der Zwischenzeit eine Verfassung eingeführt wurde, die sich zur unternehmerischen Freiheit bekennt, zur Gewaltenteilung, zu einem effektiven Grundrechtsschutz und dergleichen, scheint an ihnen vorbeigegangen zu sein.

Sie schreiben zwar immer neue Lehrbücher – aber die Struktur ist diejenige von damals. Wie sollte es auch anders sein? Meist verstehen sie keine Fremdsprachen – das Lernen von Fremdsprachen war damals suspekt und hauptsächlich Dolmetschern vorbehalten – und können deshalb kein Know-how aus dem Westen beziehen. Zwar gibt es Übersetzungen von westlichen Lehrbüchern, die von irgendwelchen gut meinenden westlichen Förderprogrammen finanziert wurden – diese helfen jedoch auch nichts, weil diese an westlichen Problemniveaus orientiert sind und Probleme behandeln, die man in Russland nicht versteht.

So lehren die alten Professoren die Studenten Theoreme, die sie sich selbst ausgedacht haben: Ein chaotisches Durcheinander von Sowjetdoktrin und irrigen Vorstellungen über den Rechtsstaat.

7.4 Loyalität und Firmentreue

Von russischen Mitarbeitern soll man keine Loyalität zur Firma erwarten. Der Arbeitgeber ist – es wurde bereits erläutert – ein Ausbeuter, ein Schinder, der nicht richtig zahlt und es sich auf Kosten seiner Mitarbeiter gutgehen lässt. Das Traurige an der Geschichte ist, dass es in rein russisch beherrschten Firmen nicht selten tatsächlich so ist.

Aber das Interessante daran ist auch, dass bei solchen russischen Arbeitgebern die Mitarbeiter oft besser arbeiten. Die mir bis heute unverständliche, weit verbreitete Art des Masochismus und der Hang zur Unterwerfung bringen es mit sich, dass ein despotischer

«Herr» *(chosjain)* eine größere Akzeptanz hat als ein demokratieverdorbener Firmenleiter aus dem Ausland.

Ich weiß von einem Betrieb, in dem der Firmenleiter die Angestellten regelmäßig mit gröbsten Schimpfwörtern betitelt, nicht selten handgreiflich wird und bei kleinsten Verfehlungen große Lohnabzüge macht. Die Löhne zahlt er aus, wenn es ihm passt und nicht regelmäßig zu Monatsende. Trotzdem hat er eine verhältnismäßig geringe Fluktuation und einen gut und straff organisierten Betrieb.

Wenn es so etwas wie eine Loyalität zur Firma gibt, so ist es nur wegen des Arbeitskollektivs, wegen der übrigen Mitarbeiter. Schließlich ist man hier in der Gruppe und ein integriertes Mitglied im Kollektiv. Das Bedürfnis, im Kollektiv aufgehoben zu sein, ist weit größer als der Wille, die wirtschaftliche Leistungsfähigkeit und damit das Überleben und den Bestand der Firma zu sichern.

Deshalb ist es für den Arbeitgeber sehr wichtig, das kollektive gesellschaftliche Firmenleben möglichst intensiv zu gestalten. Dazu gehören regelmäßige Firmenausflüge, gemeinsames Feiern von Geburtstagen oder das gemeinsame Zusammensitzen bei einer Flasche Champagner vor Arbeitsschluss am Tag vor einem staatlichen Feiertag.

Aus eigenem Antrieb Sonderleistungen für die Firma zu erbringen ist undenkbar. Als ein Mitarbeiter zu mir kam, um Lohnerhöhung zu fordern, fragte ich ihn, was er denn Besonderes geleistet habe, um den Anspruch zu begründen. Dieser im Übrigen hochintelligente Mann mit zwei abgeschlossenen Hochschulausbildungen gab mir zur Antwort: «Ich betreue doch unseren Kunden XY, und der ist bis heute nicht abgesprungen.»

7.5 Nebenbeschäftigungen

Es ist durchaus üblich, dass man mehrere Arbeitsstellen nebeneinander hat. Man arbeitet zum Beispiel offiziell an einer staatlichen Stelle, in einem wissenschaftlichen Institut, erscheint dort jedoch nur kurz, zweimal im Monat, um den Arbeitslohn in Empfang zu nehmen. Das kann ein Freundschaftsdienst des Institutsdirektors sein, der für alle Fälle die sichere Arbeitsstelle mit Pensionsberechtigung garantiert – ihn kostet es ja nichts, das wird aus der Staatskasse bezahlt, bringt ihm aber gewiss auch Vorteile, und sei das nur eine «Beteiligung» am Arbeitslohn.

So sind viele freie Unternehmer formal irgendwo angestellt, ohne dass sie den Steuerbehörden als solche erscheinen.

Aber auch Personen, die an einem regulären Arbeitsplatz in der Privatwirtschaft arbeiten, gehen oft noch einer Zweitbeschäftigung nach. Fehlen Ihre Angestellten oft am Arbeitsplatz wegen «Krankheit» und so weiter, kann es durchaus sein, dass sie noch eine zweite Arbeitsstelle innehaben, vielleicht sogar bei Ihrem Konkurrenten.

Seien Sie auch nicht sonderlich überrascht, wenn Ihre Mitarbeiter am von Ihnen bezahlten Arbeitsplatz während der von Ihnen bezahlten Arbeitsstunden Arbeiten für andere erledigen.

7.6 Entlöhnung

Arbeitsteilung. Der Fahrer Wassja muss jeden Morgen zur Bank fahren und dort Bargeld abholen. Wieder einmal kommt er vom Bankbesuch zurück und legt dem Chef 5000 Rubel auf den Tisch.

«Du solltest doch 10 000 abheben. Wo sind die anderen 5000?»

«Das ist mein Anteil – schließlich mache ich die ganze Arbeit!»

Es gehört wohl zum Wesen des russischen Arbeitnehmers, dass er immer das Gefühl hat, unterbezahlt zu sein. Er sieht die Einnahmen der Firma, vergleicht das mit seinem Lohn – und sieht die Ungerechtigkeit. Übrige Arbeitsplatzkosten, Werbeausgaben, Steuern und den Rest aller Nebenkosten verdrängt er erfolgreich.

Als Lohn können Sie zahlen, was immer Sie wollen, der Arbeitnehmer wird sich immer unterbezahlt fühlen. Er scheut sich deshalb auch nicht, regelmäßig um Lohnerhöhung nachzufragen. Eine typische Begründung dabei ist, er habe ja auch eine neue Zusatzaufgabe angenommen. Früher hätte es nicht zu seinen Pflichten gehört, die Briefe auf die Post zu tragen – jetzt müsse er das auch noch tun.

Arbeit wird nicht als Bereitstellung von Arbeitskraft während bestimmter Arbeitszeiten verstanden. Arbeit ist das Erfüllen eines Pflichtenheftes – und auch das in der Regel nur auf konkrete Aufforderung hin.

Viele russische Arbeitgeber, die die Mentalität ihrer Pappenheimer gut kennen, teilen deshalb den Lohn in zwei Komponenten: den garantierten Lohn und Prämien. Prämien werden in der Höhe meist willkürlich erteilt und sind sozusagen das «Zuckerbrot».

> Verausgaben Sie nicht Ihr ganzes Lohnbudget für die regelmäßigen Lohnzahlungen. Richten Sie einen Teil als freiwillige Prämie aus. Diese bereitet viel mehr Freude.

7.7 Feiertage

In Russland ist jeder Anlass Grund genug zu feiern. Im Prinzip ist jeder Tag ein Feiertag. Einmal gibt es die Feiertage für jede Berufsgattung. Das ist zwar jeweils kein offizieller freier Tag – jedoch wirklich arbeiten wird an diesem Tag keiner der entsprechenden Berufs- oder Organisationskategorie. Man trifft sich am Arbeitsplatz, um miteinander zu feiern – und da gehört sicherlich auch Wodka, Cognac und Champagner dazu.

Wer vorhaben sollte, Russland mit einem Überraschungsangriff zu überfallen, tut das am besten zum Feiertag der Grenztruppen. Es war an einem ebensolchen, als der 19-jährige Deutsche Mathias Rust am 28. Mai 1987 mit einem Sportflugzeug von Finnland aus unbehelligt in den sowjetischen Luftraum eindringen und bis ins Stadtzentrum von Moskau fliegen konnte. Dort landete er schließlich beim Roten Platz, nachdem er zuvor noch eine Runde um den Kreml geflogen war.

Kennen Sie ein anderes Land, wo gleichzeitig die Revolution und die Gegenrevolution ein offizieller staatlicher Feiertag ist? In der Sowjetunion wurde am 7. November immer die sogenannte Oktoberrevolution gefeiert, die Machtübernahme der Bolschewiki im Jahre 1917.

Am 12. Juni 1990 verabschiedete der erste Kongress der Abgeordneten der Russischen Föderation die Deklaration über die Unabhängigkeit Russlands. Damit wurde das sowjetisch-kommunistische System abgeschafft und die marktwirtschaftliche Demokratie eingeführt.

Der 12. Juni wurde 1994 zum Staatsfeiertag, dem «Tag der Unabhängigkeit» erklärt; 2002 umbenannt in «Tag Russlands». Die frühere Revolutionsfeier vom 7. November wurde jedoch beibehalten, nur wurde dieser Feiertag jetzt umbenannt in «Tag der Einheit und Versöhnung». (Seit 2005 wird dieser Tag nun nicht mehr am 7., sondern am 4. November gefeiert.)

Wohl nirgendwo wird Neujahr so vielfältig gefeiert wie in Russland. Da ist einmal der staatliche Feiertag vom 1. Januar. Am 14. Januar wird aber nochmals gefeiert: das «alte» neue Jahr, nach dem alten julianischen Kalender. Der Wechsel vom alten julianischen Kalender auf den genaueren gregorianischen im Jahre 1918 ist übrigens auch schuld daran, dass die Oktoberrevolution im November gefeiert wurde.

Aber dann werden noch andere Neujahrsfeste gefeiert, so das chinesische Neujahrsfest, das jeweils am 2. Neumond nach der Wintersonnenwende gefeiert wird und 2008 zum Beispiel auf den 7. Februar fällt. Aber auch muslimische, jüdische oder andere Neujahrstage werden gefeiert, wenn man am entsprechenden Tag nichts anderes zu feiern hat. Staatliche Feiertage sind:

- 1. bis 5. Januar   Neujahrsfeiertage
- 7. Januar   Orthodoxe Weihnachten

- 23. Februar   Tag des Vaterlandsverteidigers (eigentlich Männertag, an dem die Frauen den Männern gratulieren – auch männlichen Ausländern kann durchaus gratuliert werden.)
- 8. März   Weltfrauentag
- 1. Mai   Tag des Frühlings und der Arbeit
- 9. Mai   Tag des Sieges (über den Faschismus 1945)
- 12. Juni   Tag Russlands
- 4. November   Tag der Einheit des Volkes

Wenn ein Feiertag auf einen Samstag oder Sonntag fällt, wird der Feiertag auf einen Arbeitstag verlegt. Feiertage werden von Staats wegen auch zu Miniferien kombiniert: Fällt ein Feiertag zum Beispiel auf einen Donnerstag, wird oft auch der folgende Freitag als arbeitsfrei erklärt. So gibt es eine zusammenhängende arbeitsfreie Zeit von vier Tagen. Hingegen muss der so gewonnene Tag dann beispielsweise am nächsten Samstag wieder kompensiert werden.

Meist erfährt man aber erst spät von solchen Brückenkombinationen. Ich jedenfalls werde oft von meinen Mitarbeitern kurzfristig mit entsprechenden «News» überrascht.

Falls Sie eine Geschäftsreise planen, tun Sie immer gut daran zu schauen, ob in diese Zeit ein russischer Feiertag fällt. Gibt es so einen an einem Dienstag oder Donnerstag, so können Sie damit rechnen, dass eine Brücke gebildet wird.

Fällt er auf einen Samstag, ist in der Regel der Freitag zuvor arbeitsfrei; fällt er auf einen Sonntag, so wird am Montag gefeiert.

7.8 Umgangston und Kundenfreundlichkeit

Wie schon oben gesagt, haben die Russen zwei Gesichter: das bautzig abweisende in der Öffentlichkeit gegenüber Unbekannten und das andere, private gegenüber Personen, die man schon näher kennt.

Diese Grundhaltung nehmen die Mitarbeiter auch an den Arbeitsplatz mit: Die Telefonistin meldet sich bestenfalls mit «Hallo», und wenn der Klient mit einem anderen Mitarbeiter verbunden werden soll und sie findet den nicht sofort, wird einfach aufgehängt – und dergleichen.

Sie kommen nicht darum herum, Ihre Mitarbeiter als erstes auf Kunden- und Servicefreundlichkeit zu trainieren. Wir haben in unserem Firmenqualitätshandbuch eine ganze Seite Instruktion über Verhalten am Telefon mit einstudierten Formeln für Begrüßung und Weiterleitung.

Selbst wenn sie diese gelernt haben, sind die neuen Mitarbeiter in der Regel überzeugt, diese Höflichkeitsformen müssten sie nur gegenüber Ausländern anwenden. Russen behandelt man «russisch». Ich kämpfe in meiner Firma einen Sisyphus-Kampf dafür, dass auch Russen höflich wie Ausländer behandelt werden sollen.

Ich habe von Russen dafür schon manches Kompliment erhalten. Sie können es schwer begreifen, von ihren Mitbürgern anständig und höflich behandelt zu werden. Sie fühlen sich wohl wie im Ausland. Leider wird Höflichkeit von vielen falsch verstanden. Höflich und freundlich hat man nur gegen «oben» zu sein. Nach unten kann und soll man treten und Kommandos erteilen.

Viele missverstehen dann erwiesene Höflichkeit mit einer falschen Rangpositionierung. Sobald höflich behandelt, haben sie das Gefühl, dass der andere sich in der Rangordnung wohl unter ihnen fühle – und beginnen in der Folge, den höflichen Gesprächspartner kurz angebunden mit Kommandos einzudecken.

Hier zu lavieren ist eine große Kunst – höflich zu bleiben und den anderen trotzdem die gewisse Distanz spüren zu lassen, die ihm vermittelt, dass man nicht bereit ist, sich in der Rangordnung unter ihn zu stellen.

Trainieren Sie immer wieder die Kundenfreundlichkeit und verhindern Sie das Einbrechen des russischen Alltagstons.

7.9 Mitarbeiterführung

Das Thema würde ich unter dem folgenden fetten Untertitel zusammenfassen: «Kein Zuckerbrot, nur Peitsche!»

Vor 25 Jahren kam ich mit der naiven Idee nach Russland, Demokratie am Arbeitsplatz einführen zu wollen: mit einem guten Beispiel voranzugehen, am Morgen der Erste und am Abend der Letzte am Arbeitsplatz zu sein, mit den Mitarbeitern per Du zu verkehren, nie jemandem durch Rügen wehzutun und niemals die Würde zu verletzen. Vor allem wollte ich die Mitarbeiter mit *Incentives* motivieren. Das Instrumentarium dazu waren etwa

- bessere Löhne,
- individuelle Leistungsprämien,
- individuelles Lob und
- Flexibilität in der Arbeitszeitgestaltung.

Nach 25 Jahren muss ich als Fazit leider festhalten: Das hat sich nicht bewährt. Es war ein Kulturmissverständnis. Russland lebt auf einem historischen Hintergrund von tausend Jahren Despotie, Autokratie und Oligarchie. Das hat die Menschen geprägt – auch am Arbeitsplatz. Man fühlt sich besser und orientiert sich klarer, wenn die Führung klar, hart und unmissverständlich ist. Tausend Jahre lang wurde keine Initiative von und respektvolles Verhalten gegenüber den Untergebenen erwartet, sondern nur Unterwürfigkeit und Gehorsam. Jetzt plötzlich Eigeninitiative und Goodwill von Untergebenen zu erwarten, sprengt die geistige Kapazität der meisten. Unbedingter Gehorsam: ja – Eigeninitiative und innere Loyalität: nein.

Milde und demokratischer Führungsstil wird als Schwäche des Chefs verstanden. Geschätzt und akzeptiert ist aber ein «starker» Chef.

Ein russisches Sprichwort sagt: «Solange der Donner nicht grollt, bekreuzigt sich der Bauer nicht.» Ich habe mittlerweile verstanden, dass zwischendurch eine Standpauke, eine klar und deutlich ausgesprochene Rüge wie ein reinigendes Gewitter wirkt. Danach ist die Welt wieder in Ordnung, die Situation ist geklärt, und man ist froh, die Bestätigung gekriegt zu haben, bei einem «richtigen» Chef zu arbeiten.

Seien Sie ein strenger Chef – und wahren Sie die nötige Distanz.

8. Umgang mit Behörden

8.1 Der Beamte – ein Mensch

Wenn ich uniformierte Beamte aus Deutschland, Österreich oder der Schweiz sehe, habe ich oft das Gefühl, das seien aufgezogene Roboter: Gesetzesvollzugsmaschinen.

Das ist wohl auch gut so; sie vollziehen die Vorschriften ohne Ansehen der Person, streng, gradlinig, unbestechlich und korrekt.

Sie wechseln ganz offenbar ihre Persönlichkeitsstruktur, sobald sie die Uniform anziehen. Geradezu köstlich ist es hie und da, Polizisten in ihrem Schritt zu beobachten: breitbeinig, imposant und Dominanz ausstrahlend. Ich bin überzeugt, dass derselbe Mann zu Hause, nachdem er die Uniform ausgezogen hat, eine andere Gangart einlegt.

Nicht so Russen. Uniform hin, Uniform her: Sie bleiben dieselben. Zunächst skeptisch und abweisend gegenüber jedem, den man nicht kennt – wie allgemein üblich. Ist das Eis aber gebrochen, so können sie in jeder Situation herzlich sein, lachen und zu Späßen aufgelegt. Und es ist ja so leicht, das Eis zu brechen.

Ich freue mich zum Beispiel immer auf die Grenzkontrolle bei der Einreise nach Russland. Da sitzen meist uniformierte Damen der Grenztruppen (die dem Geheimdienst angehören, früher KGB, heute FSB) griesgrämig in ihrem Glaskabäuschen und warten auf den nächsten Einreisenden, nehmen wortlos seinen Pass, vergleichen mit strengem Blick das Foto im Pass mit dem Original und beginnen irgendetwas in den Computer zu tippen.

Ich beginne das Treffen meist mit einer anregenden Bemerkung. Wenn die Warteschlange groß war, sage ich zum Beispiel: «Jetzt habe ich aber lange auf das Rendezvous mit Ihnen gewartet – bin ich glücklich, dass es endlich zustande gekommen ist.»

Oder wenn ihr strenger Blick zwischen Foto und meinem Gesicht wechselt: «Nicht wahr, das Original ist viel schöner als das Foto!»

Und siehe da, es beginnt ein amüsantes Zwiegespräch. Was habe ich dabei nicht schon alles erfahren über deren Privatleben, was sie im Abendstudium noch studiere, welches ihre weiteren Lebenspläne seien, wie dumm die Vorgesetzten, wie unlogisch die Organisation und wie störanfällig der Computer.

Entscheidungen der russischen Beamten sind nie endgültig – sie sind immer verhandelbar. Und das muss gar nicht unbedingt Bakschisch sein. Wenn es Ihnen gelingt, den Beamten aufzuheitern, ihm die Langeweile zu vertreiben oder ihn in seiner Menschlichkeit zu rühren, so können Sie einiges von ihm erwarten. Er wird Ihnen selbst auf die Sprünge helfen, wie Sie eine Vorschrift umgehen können, die er eigentlich durchsetzen müsste.

Bußentarife sind absolute Verhandlungssache, wie auf einem orientalischen Markt. In bleibender Erinnerung ist mir die Verhandlung wegen Überfahrens der doppelten Sicherheitslinie:

«Überfahren der doppelten Sicherheitslinie: Das kostet Sie eine saftige Buße!»

«Wie viel?»

«Machen Sie einen Vorschlag!»

«50 Rubel.»

«Einverstanden, pro Rad.»

«Ich bin aber nur mit zwei Rädern über die Linie gefahren» (obwohl das nicht stimmte).

«In Ordnung, einverstanden.»

Oder der militärische Verkehrspolizist, am Vorabend der Revolutionsfeier: Zur Übung für die Paraden fuhren die Panzer in langen

Kolonnen über den Gartenring. Deshalb war dieser für längere Zeit gesperrt. Ich wohnte auf der anderen Seite und wollte nach Hause. Das wollten viele, nicht nur ich. Zufällig hatte ich Säuglingsnahrung eingekauft und bei mir im Auto. Ich ging zum ranghöchsten Militärpolizisten, zeigte die Kindernahrung und sagte: «Zu Hause ist die Kindernahrung ausgegangen, das Kind hat Hunger, ich sollte schnell nach Hause!» Daraufhin gab er Befehl, die Panzerkolonne zu stoppen und mich durchzulassen.

> Begegnen Sie einem uniformierten Beamten nicht als Beamten. Gehen Sie ihn an als Mensch und vergessen Sie seine Uniform oder seinen Dienstgrad.

8.2 Keine Beschwerdeschriften

Wie gesagt, die russischen Beamten sind sehr flexibel. Behördenentscheidungen sind in alle Richtungen denkbar. Entscheidungsgrundlagen sind die Tatsachen. Tatsachen sind aber keine Vorgänge der realen Welt. Für die Staatsverwaltung und die Beamten gelten nur Tatsachen, die auf Papier und möglichst mit vielen Stempeln verbrieft sind. Ist erst einmal etwas in Papierform schriftlich vorhanden, dann ist es zur Tatsache geworden. Jetzt wird's gefährlich.

Bis anhin waren auch die Tatsachen flexibel – man konnte sie den Bedürfnissen des formalen Gesetzes anpassen. Oft helfen sogar die Beamten selbst mit – wenn sie sehen, wie sinnwidrig eine Vorschrift ist –, indem sie Ihnen für die Gestaltung der Tatsachen Empfehlungen abgeben.

Darum gilt als eherne Regel: Seien Sie vorsichtig mit dem, was Sie für die behördlichen Akten schriftlich zur Verfügung stellen. Sie beschränken sich dabei auf eine von vielen möglichen Varianten.

Wohl das Dümmste, was man in einer Differenz mit einer Behörde tun kann, ist es, bei der vorgesetzten Stelle eine schriftliche Beschwerde einzureichen: Dann beginnt der Dokumentenkrieg – und bei dem haben Sie von vornherein verloren. Der Verwaltungsschimmel nimmt seinen Trott.

Beginnen Sie Verhandlungen mit der entscheidenden Behörde. Erst wenn das offensichtlich aussichtslos ist, wendet man sich an die vorgesetzte Behörde. Genauer gesagt: Man wendet sich nicht selbst dorthin. Man sucht im Bekanntenkreis jemanden, der einen heißen Draht zu dieser vorgesetzten Behörde hat, eine diesem Vorgesetzen schon lange bekannte Vertrauensperson. Diese Person geht dann als Intermediär dorthin und verhandelt für Sie – bestenfalls stellt sie einen direkten Kontakt mit Ihnen her und organisiert ein Treffen, meist nicht im Büro, sondern in einem Restaurant. Dort findet sich dann bestimmt eine alle Seiten befriedigende Lösung. Dabei muss die Lösung bestimmt nicht in einem Bündel Dollarnoten bestehen. Sehr oft genügen die alten kleinen Geschenke, die die Freundschaft erhalten: begonnen bei einer Flasche westlichen Cognacs bis hin (wenn's um etwas ganz Wesentliches geht) zur Einladung zu einer Inspektionsreise nach Westeuropa, wo sich der Beamte von der Richtigkeit des Behaupteten selbst überzeugen könne.

8.3 Die Miliz

Rechenkunst. Der Gemeindepräsident verliest seinen Jahresbericht: «In der Berichtsperiode konnten wir die Verbrechensrate um 17,2 Prozent senken.»

Ein Raunen im Saal: «Da haben sie wohl den Polizeiapparat wieder enorm aufgeblasen und das ganze Gemeindebudget dafür ausgegeben!»

«Nichts dergleichen», antwortet der irritierte Gemeindepräsident, «im Gegenteil, wir haben die Zahl der Polizisten sogar gekürzt! Warten Sie mal.» Er beginnt in seinen Unterlagen zu blättern: «Ja, genau, hier: Wir haben die Kosten des Polizeiapparats gekürzt, um 17,2 Prozent.»

Die polizeilichen Ordnungskräfte wurden nach der Revolution von 1918 in «Miliz» umbenannt, um zu demonstrieren, dass diese Kräfte vom Volk fürs Volk eingesetzt wurden und nichts zu tun hatten mit dem zaristischen Unterdrückungsapparat.

Nach der Gegenrevolution am Ende des 20. Jahrhunderts haben die meisten ehemaligen kommunistischen Staaten ihre Ordnungskräfte wieder in «Polizei» umbenannt. Russland nicht. Hier ist die Polizei immer noch vom Volk fürs Volk. Aber was für ein Volk.

Die Miliz genießt in weiten Teilen der Bevölkerung den Ruf, die schlimmste aller Mafiabanden zu sein. Freie Unternehmer fürchten oft die organisierte Polizeigewalt mehr als das (restliche) organisierte Verbrechen.

Das ist zwar eine sehr grobe Verallgemeinerung, denn auch im Polizeiapparat gibt es neben ausgekochten Halunken viele grundanständige Seelen. Nur lässt sicherlich das proportionale Verhältnis dieser Kategorien etwas zu wünschen übrig.

Der lästige Aktivismus der Miliz ist auch auf ein altes, aus kommunistischer Zeit der Planwirtschaft zurückzuführendes Arbeitsmotivationsprinzip: Jede Organisation hatte damals ein Plansoll zu erfüllen, die Kühlschrankproduzenten eine bestimmte Anzahl Kühlschränke, die Krankenhäuser eine Mindestauslastung pro Krankenbett und so weiter. Das hatte sehr oft tragikomische Realsatiren zur Folge. Krankenhäuser ließen Gesunde nicht nach Hause, weil sie ihr Plansoll erfüllen mussten. Die «Spezmedslushba» (Organisation, die Betrunkene von der Straße auflesen und in Ernüchterungszellen einliefern musste) holte gegen Ende Monat komplett nüchterne Fußgänger von der Straße, wenn das prämienrelevante Plansoll von Einlieferungen nicht erfüllt war.

Bei der Polizei hat sich dieses System erhalten. Pro Quartal muss eine bestimmte Anzahl Strafverfahren eingeleitet werden, um die Prämie nicht zu verpassen. Je besser das Plansoll übererfüllt wird, desto größer die Chance für die nächste Beförderung – das heißt in einen Rang, wo man «mehr nehmen darf».

Am besten dazu geeignet sind natürlich die kleinen, mittelständischen Betriebe. Die werden für Tage lahmgelegt, Akten werden beschlagnahmt und so weiter. Ob daraus am Schluss wirklich ein gerichtliches Verfahren resultiert, ist nicht mehr prämien- und beförderungsrelevant. Bei der Polizei zählt nur die Eröffnung der Untersuchung.

Da bei der Plansollerfüllung nur die Zahl der eröffneten Verfahren relevant ist, ist auch klar, dass für die großen, gut organisierten Gauner keine Zeit bleibt. Dortige Verfahren wären zu aufwendig. Man hält sich an die Kleinen.

8.4 Check and Balances

Man darf es ruhig sagen: Diese Wahrheit zwitschern die Spatzen von den Dächern: Das Verhältnis zwischen Bürgern und Staatsverwaltung ist gestört. Das Vertrauen in die eigenen Behörden ist gering. Es ist ein gegenseitiges Katz-und-Maus-Spiel. Die Behörden produzieren Vorschriften, die nahezu unmöglich einzuhalten sind. Die Bürger umgehen sie mit allen gesetzlichen und ungesetzlichen Tricks.

Gerät man in die Fänge einer Behörde, die aus irgendeinem Grunde einem schlecht gesinnt ist, so Gott erbarm. Man kann sich zwar an ein Gericht wenden, aber die Chancen der endgültigen Regelung sind gering. Es gibt kein Verwaltungsverfahrensgesetz, das Sie vor den üblichen Verfahrensschikanen schützen würde – deshalb sind selbst die Gerichte oft hilflos, weil das Gesetz kein scharfes Instrument zur Verhinderung von Verwaltungswillkür zur Verfügung stellt.

Trotzdem ist man der Willkür nicht ganz hilflos ausgeliefert. Die russische Staatsverwaltung darf keineswegs als geschlossene, vertikal geordnete Struktur verstanden werden. Man könnte sie eher als eine Menge mehr oder weniger selbstständiger Fürstentümer, Grafschaften und Khanate bezeichnen, die miteinander verfeindet sind und einander gegenseitig gerne eins auswischen: Haben Sie Differenzen mit der Miliz, die Sie nicht ausräumen können? Wenden Sie sich vertrauensvoll an die Organe des FSB (Geheimdienst). Die sind Ihnen noch so dankbar, wenn Sie Unterlagen und Munition bringen, womit sie der Miliz an den Kragen können. Genauso gilt das umgekehrt. Praktisch jede Behörde hat ihren Gegenpol. Der Staat ist geradezu als Prinzip so aufgebaut, dass jede Behörde eine mehr oder weniger funktionsgleiche Gegenbehörde hat.

Nehmen wir als Beispiel den riesigen Apparat der Präsidentenadministration. Was soll der eigentlich? Es gibt doch eine hierarchisch geordnete Exekutive, die Regierung mit ihren Ministerien und Ministerialabteilungen, durchorganisiert bis zum untersten Verwaltungsbeamten an der Front.

Die Präsidialadministration ist praktisch eine Parallelregierung, die die Funktionen und Kompetenzen der Regierung dubliert.

Wenn Sie also im Widerstreit mit einer Exekutivbehörde sind, so wenden Sie sich an die Parallelinstanz der Präsidentenadministration. Die sind froh, wenn Sie ihnen Futter geben, womit sie ihre Existenzberechtigung zeigen können.

Hier gilt das selbstverständlich reziprok: Sind Sie im Clinch mit der Präsidentenadministration, wenden Sie sich ans funktionsgleiche Ministerium.

9. Vernetzung

Der folgende Themenkreis wurde bereits mehrmals angesprochen: Nicht nur das gesellschaftliche Leben, auch das Geschäftsleben ist sehr personalisiert. Wichtige Geschäfte macht man in der Regel nicht mit dem Partner, der sich nach einer gründlichen Marktanalyse als der Optimalste hinsichtlich Preis, Liefersicherheit, Garantien und so weiter herausgestellt hat, sondern mit einem, zu dem man schon persönliche Beziehungen hat, sei es vom Skilaufen, von einer «Wetscherinka» (Abendparty) oder als Empfehlung über einen Bekannten eines Bekannten.

Geschäfte laufen über Beziehungsnetzwerke; das ist in Russland nicht anders als in anderen Teilen der internationalen Geschäftswelt. Wohl einzigartig aber ist, dass auch viel Selbstverständlichkeiten des Alltagsbedarfs nur über persönliche Netzwerke befriedigend geregelt werden können.

Einfach nur so als zahlender Patient in eine private Klinik gehen und sich dort gegen teures Geld behandeln lassen? Nicht empfehlenswert! Die Ausrüstungen sind zwar gut und der Arzt gut ausgebildet – Sie werden jedoch dort nur als Geldautomat eingestuft. Der Arzt wird Ihnen eine Null-acht-fünfzehn-Therapie verschreiben; weitere Details interessieren ihn nicht – sollen Sie halt wieder kommen und nochmals zahlen.

Ganz anders schaut es aus, wenn ein guter Bekannter des Arztes Sie dorthin empfohlen hat. Sie sind nun ein Teil des Beziehungsnetzes, an dem der Arzt selbst auch teilhat. Jetzt beginnt die Sozialkontrolle zu spielen. Jetzt ist der Arzt darauf bedacht, dass er sich in seinem Beziehungsnetz das Image nicht verdirbt. Er wird sich äußerste Mühe geben, Sie nach allen Regeln der Kunst zu behandeln und zufrieden zu stellen.

Nach diesem System ist das ganze gesellschaftliche Leben organisiert: vom Möbelkauf über den Kauf von Wassermelonen, der Autoreparatur bis hin zum Arbeitsplatz.

Bei einem Anstellungsgespräch werden Ihnen viele Kandidaten nicht in erster Linie von ihren Fähigkeiten berichten, den Sprachen, die sie sprechen, den Computerkenntnissen, die sie haben, der Fachausbildung und den Diplomen – sie werden Ihnen ihr Beziehungsnetz schildern, das sie mit einbringen werden: Bekanntschaften bei möglichen Kunden, bei der Polizei, den Steuerbehörden in der Politik und so weiter. Das Beziehungsnetz ist das größte Asset, das ein Russe hat.

Bei Ihnen wurde eingebrochen. Einfach auf den nächsten Polizeiposten gehen und Meldung erstatten? Sinnlos – man wird Sie stundenlang auf dem Posten warten lassen, um ellenlange Formulare auszufüllen – passieren wird aber im Anschluss daran nichts.

Nein, Sie müssen in ihrem Bekanntenkreis herumfragen, ob nicht jemand einen hohen Polizeibeamten kennt, der zum Rechten schauen könnte. Im Idealfall ruft dieser dann den zuständigen Polizeiposten an und veranlasst, dass ein Untersuchungsbeamter Sie zu Hause aufsucht und tatsächlich ein ernsthaftes Verfahren einleitet.

Der Unterhalt eines Beziehungsnetzes ist die zentrale und aufwendige Aufgabe eines jeden Russen. In meinem Beruf als Rechtsanwalt, der ausländischen Kunden den Markteintritt in Russland erleichtern soll, verbringe ich die meiste Zeit nicht mit dem Gesetzesstudium. Die meiste Zeit verbringe ich absolut unprofessionell in Restaurants und auf Ausflügen mit notwendigen Kontaktpersonen. Wird einem Klienten das Einreisevisum nicht rechtzeitig ausgestellt, muss ich den schnellen heißen Draht haben. Hat ein Kunde die Steuerbuchhaltung nicht richtig geführt und die Wirtschaftspolizei zur

Aktenbeschlagnahme im Haus, so kann ich nicht zuerst im Bekanntenkreis herumfragen.

Die Beziehungsnetze sind wohl der Ausdruck des gegenseitigen Misstrauens, das sich die Russen untereinander entgegenbringen, der abweisenden Haltung, die jedem Unbekannten unverhohlen gezeigt wird. Man geht nicht den direkten Weg, um ein Anliegen vorzubringen; man weiß von vornherein, dass es erfolglos sein wird.

Zwei konkrete Beispiele:

Die Tochter eines einflussreichen Generals der Wirtschaftspolizei hatte in der Marketingfakultät einer Universität die Anmeldung zu einer Prüfung verpasst und hätte deshalb ein ganzes Jahr aussetzen müssen. Der Rektor kann außerordentliche Nachfristen gewähren. Der General aber wendet sich nicht an den Rektor. Er sucht in seinem Bekanntenkreis jemanden, der den Rektor kennt. Er wird fündig. Bei einem Obersten der Antiterrortruppen. Dieser kennt nämlich mich und weiß, dass ich an dieser Universität – zwar an einer anderen Fakultät – unterrichte.

Selbstverständlich gehe ich mit dem Anliegen zum Rektor, denn ich darf mein Gesicht vor meinem Bekannten, dem Obersten der Antiterrortruppe, nicht verlieren, denn über kurz oder lang werde ich etwas von ihm oder seinen Bekannten erbitten müssen. Zudem habe ich in meinem Netz jetzt eine neue Adresse, den General der Wirtschaftspolizei.

Oder: X ist gestorben. A und B sind beide an der Beerdigung. Beide wissen voneinander, dass sie zu den engsten Bekannten des X gehörten – haben sich jedoch nie zusammen bei X getroffen. Beide haben unter Leitung des X am selben Projekt gearbeitet. Sie sollten jetzt miteinander in Kontakt treten, um die Weiterführung des Projektes zu besprechen. Obwohl sie an der Beerdigung nebeneinander stehen, wechseln sie kein Wort.

A ruft nach der Beerdigung seinen Freund C in London an, denn er weiß, dass C den E kennt, der ein guter Bekannter von B ist. Der E bin ich, Karl Eckstein. C beginnt von London aus mich zu suchen und findet mich telefonisch in der Schweiz. Er bittet mich, doch den B in Moskau anzurufen und ihm zu sagen, dass der A ein Freund meines Freundes sei und er deshalb dessen telefonischen Anruf wohlwollend entgegennehmen solle.

Nach dem Telefongespräch mit A hat B mich zurückgerufen, um mir zu rapportieren, dass das angekündigte Telefongespräch zustande gekommen sei. Zuvor hätte er aber nach meinem Anruf noch von einer anderen Seite ein Empfehlungstelefon für A erhalten. Auch der stellvertretende Außenminister hätte um dasselbe wie ich gebeten ...

Wenn immer Sie ein Geschäft in Russland betreiben: Denken Sie dran, dass das Beziehungsnetz Ihr größtes Asset ist. Das hat ganz konkrete Konsequenzen: Bei der Auswahl Ihres Vertreters müssen Sie darauf achten, dass Ihr Mann umgänglich ist und ein Beziehungsnetz schaffen und erhalten kann. Ein tüchtiger Arbeiter, der immer bis Mitternacht im Büro sitzt, wird sich kaum behaupten können.

Diese Erkenntnis gilt selbst für größere Konzerne: Die haben oft einen oder mehrere Vize-Generaldirektoren, die nichts anderes tun, als Beziehungsnetze zu pflegen.

Da irren sich übrigens unerfahrene westliche Firmenvertreter oft: Sie sind stolz, mit dem einflussreichen Vize-Generaldirektor des Riesenkonzerns persönlich Kontakt zu haben – aber das bringt vielleicht nichts, denn der hat nur Außenbeziehungen zu pflegen und zu diesem Zweck einen schönen Titel bekommen; im Konzern kann er aber nichts bewegen. Er hat nur die Aufgabe, die nötigen Kontakte bereitzuhalten für diejenigen, die wirklich was zu sagen haben. Braucht der wirklich Leitende (das muss nicht unbedingt der Generaldirektor sein) zum Beispiel einen Kontakt zum Gouverneur von Krasnojarsk, so will er nicht zuerst in einem Bekanntenkreis herumfragen müssen. Irgendjemand in seinem Betrieb ist klar damit beauftragt, solche Kontakte für den Notfall bereitzuhalten.

Dieses System spielt bis weit in die KMU hinunter. Selbst in meinem kleinen Betrieb haben wir Kommunikationsverantwortliche für Bereiche, die ich nicht selbst abdecke. Ein Mitarbeiter pflegt die Kontakte zum Zoll, je eine Mitarbeiterin zu den Migrationsbehörden, Steuerbehörden, Notaren und Registrierungsbehörden des Justizministeriums.

Ihr Vertreter vor Ort ist nicht nur wegen seiner Sachkenntnis wichtig, sondern vor allem wegen seiner Beziehungen. Steht ein friedlich abgesprochener Wechsel Ihres Vertreters bevor, sichern Sie eine möglichst lange Einarbeitungszeit für den neuen Vertreter, damit dieser sein Beziehungsnetz ordentlich übertragen kann.

Da habe ich zum Beispiel absolut kein Verständnis für die Landesvertretungen, die ihre Botschafter abziehen und den neuen erst hinsenden, wenn der alte schon weg ist. Was geht da nicht an wertvollen Beziehungen verloren, für die der Steuerzahler in der Regel nicht wenig ausgegeben hat. Natürlich stehen die Kontakte auf irgendeiner Liste. Aber das ist nicht das, was man in Russland «Beziehung» nennt – dazu gehört ein persönliches Vertrauensverhältnis, das über lange Zeit aufgebaut wurde und nur im persönlichen Kontakt halbwegs weitervermittelt werden kann.

Diese komplizierte Art, einen benötigten Kontakt nicht direkt anzugehen, sondern nach Umwegen zu suchen, scheint mir ein charakteristisches Phänomen der russischen Denkweise zu sein: Man denkt über sieben Ecken, um ein gesellschaftliches Problem von hinten oder der Seite her anzugehen. Wohl nicht zufällig sind die Russen hervorragende Schachspieler: Sie sind es gewohnt, in mehreren Zügen und Varianten zu denken.

In einem groben Ausdruck spotten sie selbst darüber: Ein Problem «tscheres schopa» (durch den wertesten Hinterteil) zu lösen.

Ein gutes Netzwerk ist das A und O für den Geschäftserfolg in Russland.

10. Die Rechtsordnung

Ein bekanntes Sprichwort besagt: Die Strenge der russischen Gesetze wird durch ihre Unverbindlichkeit gemildert.

10.1 Vorbemerkung

Das russische Recht ist derzeit noch im Umbruch und im Fluss, so dass es wenig Sinn macht, von einem Rechtssystem zu sprechen und es darstellen zu wollen. Jede Darstellung ist naturgemäß schon zum Zeitpunkt ihrer Veröffentlichung in vielen Teilen überholt.

Um nur einige Elemente dieser Schwierigkeiten zu nennen: Die Gewaltenteilung, insbesondere zwischen Legislative und Exekutive, besteht nur theoretisch. In der Ära Jelzin (1991–2000) erließ der Präsident Ukasse (Präsidentenerlasse), die eigentlich den Sinn einer schnellen, beschränkten Gesetzgebung haben (ähnlich wie in der Schweiz die dringlichen Bundesbeschlüsse) zur befristeten Lösung eines unaufschiebbaren, gesetzlichen Regelungsbedarfs.

Mit solchen Ukassen setzte der Präsident aber in der Praxis Regelungen des Parlaments außer Kraft, und umgekehrt machte das föderale Parlament dasselbe mit den Präsidentenukassen.

Putin hat nun das Parlament fest im Griff. Die größte Fraktion ist die der «Edinstwo» (Einheit), einer Partei, die Putin drei Monate vor den Parlamentswahlen des Jahres 2000 gegründet hat.

Dieses Parlament erlässt wie bei uns generell-abstrakte Normen, hat aber keine Hemmungen, auch individuell-konkrete Akte anzuordnen. So hat das Parlament zum Beispiel nach dem Terrorakt der Geiselnahme im Theater 2002 in Moskau ein Gesetz erlassen, wonach dieses eine Theater renoviert und umgebaut werden solle.

Nach den Übergangsbestimmungen der Verfassung von 1993 gelten alle früheren Gesetze weiter, sofern sie der Verfassung nicht widersprechen. Dies auf dem Hintergrund, dass sich Russland als Rechtsnachfolger der Sowjetunion versteht.

Nun geht aber eine neuere Theorie – die immer mehr Anhänger findet – davon aus, dass das heutige demokratische Russland nicht die Rechtsnachfolge der Sowjetunion antrete, sondern diejenige des parlamentarischen Russlands von Oktober 1917. Damit aber wären die vielen noch aus der Sowjetzeit stammenden gesetzlichen Regelungen nicht mehr anwendbar. Subsidiär – wo keine Regelung seit 1990 besteht – wäre dann das 1917 anwendbare Recht maßgebend.

Eine weitere Quelle großer Rechtsunsicherheit ist die unklare Gesetzgebungskompetenz der Föderationssubjekte (in Deutschland die Bundesländer, in der Schweiz Kantone, in Russland Republiken, autonome Gebiete, autonome Kreise und so weiter).

Gemäß Verfassung werden einerseits zwar einige Kompetenzen abgegeben, jedoch dadurch wieder beschnitten, dass Grundrechtsbeschränkungen nur durch das föderale Parlament vorgenommen werden dürfen (was natürlich praktisch jede Gesetzgebungstätigkeit ausschließt, da Gesetzgebung fast immer mit Konkretisierung und damit Beschränkung von Freiheitsrechten verbunden ist. Auch ging die Exekutive auf Druck von Republiken oft dazu über, staatsrechtliche Verträge mit Republiken über deren Kompetenzbereiche abzuschließen (Tatarstan, Baschkirien, zeitweise auch Tschetschenien).

In einer gegenläufigen Tendenz probiert Präsident Putin insbesondere seit seiner zweiten Amtsperiode ab 2004, die Eigenständigkeit der Föderationssubjekte zu beschränken. So dürfen diese beispielsweise seit 2005 ihre Regierungspräsidenten (Gouvernurs) nur noch auf Vorschlag des Staatspräsidenten wählen.

Die Gesetzgebung erfolgt nicht systematisch. Es werden inselweise Regelungsbereiche herausgegriffen, die dann oft systematisch nicht zu anderen Bereichen passen. Deshalb sind verschiedene Versuche fehlgeschlagen, eine systematische Gesetzessammlung herauszugeben. Der deutsche BeckVerlag hat 1995 als Einziger eine Loseblattsammlung veröffentlicht – auf die Nachführung aber verzichtet, da das Durcheinander mit den nötigen Rückverweisen auf Widersprüchlichkeiten mit anderen Regelungen die Arbeit unüberblickbar machte.

Derzeit kann faktisch nur auf private Datenbanken solcher Firmen wie GARANT, KODEKS, KONSULTANT PLUS, ETALON und Ähnliche zurückgegriffen werden. Diese Firmen sammeln alle föderalen Gesetze, Präsidentenukasse und wichtigsten Verordnungen in einer Datenbank, auf die über Internet oder wöchentlich zugesandte Disketten (entgeltlicher) Zugriff besteht. So kann man zwar nicht über die Rechtssystematik, mindestens aber über computerisierte Sucheingaben Erlasse zu bestimmten Themen finden.

Die Entgeltlichkeit bringt es mit sich, dass nur reichere Advokaten Zugriff auf den aktuellen Stand der Gesetzgebung haben. Die Richter in der Provinz haben das in der Regel nicht.

Auf Verordnungsebene sind längst nicht alle Erlasse erhältlich. Viele Ministerien, Komitees und so weiter erlassen Vorschriften, die sie nicht publizieren, auf die sie sich aber bei Entscheidungen berufen.

Außer von den obersten Gerichten gibt es keine Sammlungen von Gerichtsentscheidungen. Bis zur zweithöchsten Gerichtsebene werden deshalb identische Rechtsfragen von verschiedenen Gerichten unterschiedlich entschieden. Die einzige private Sammlung, welche 1998 begonnen hat, ist leider sehr unsystematisch und hängt von Zufälligkeiten wie vom Korrespondentennetz ab.

Ein wesentliches Element der Rechtsdurchsetzung ist zunächst, dass die Entscheidungsträger in Gericht und Verwaltung das Recht überhaupt kennen.

Bei der verwirrenden Gesetzeslage ist dies rein technisch nur denjenigen möglich, die über den Computer Zugriff auf die bereits genannten Datenbanken haben.

Viele Gerichte und Anwälte – besonders außerhalb Moskau und St. Petersburg – haben aber nicht einmal Schreibmaschinen, geschweige denn Computer. Gerichten und Verwaltungsbehörden fehlt es oft sogar an Papier und einfachsten Büroartikeln wie Büroklammern. Eine amtliche Gesetzessammlung gibt es zwar, allerdings nicht systematisiert.

Im Bereich des öffentlichen Rechts ist ein wesentliches Element das Fehlen der Untersuchungsmaxime (außer im Strafrecht). Dies bedeutet in der Praxis, dass bei einer Zwangsvollstreckung der Gläubiger praktisch selbst die verwertbaren Guthaben finden muss. Im Verwaltungsverfahren heißt das, dass der Bürger von den Behörden von Pontius zu Pilatus geschickt wird, um sich immer wieder nochmals eine Tatsache bestätigen zu lassen. Will eine Frau zum Beispiel nach einer Namensänderung infolge Heirat sich einen neuen Führerschein besorgen, werden von ihr Dutzende von Nachweisen verlangt, in einem mir bekannten Fall eine ärztliche Bestätigung, dass sie nicht schwanger sei.

Selbst wenn eine Entscheidung ergangen und in Rechtskraft erwachsen ist, ist die Durchsetzung in keiner Weise garantiert. Die Entscheidung des Verfassungsgerichts, dass das Sozialversicherungsamt Repressionsopfern Entschädigungen zu zahlen habe, wird von Letzterem lapidar kommentiert: Kein Geld vorhanden.

10.2 Das Rechtssystem

Das Rechtssystem steht in kontinentaleuropäischer, römisch-rechtlicher Tradition. Zu sowjetischen Zeiten wurde diese Tradition teilweise verlassen. Insbesondere im Wirtschaftsrecht diktierten planwirtschaftliche Vorgaben und nicht Verträge die Wirtschaftsbeziehungen. Es gab keine Vertragsparteien, nur Verwaltungsinstanzen. Viele Elemente aus dieser Zeit wirken noch heute in der Praxis nach. So war die Privatisierung von Großbetrieben oft nur nominal. Der Staat oder staatsnahe Strukturen blieben Hauptaktionäre. Entsprechend leben diese Betriebe noch heute von Staatsaufträgen, Subventionen oder faktischen Monopolen. Ebenso unterliegen sie keinem Konkursrecht, das diesen Namen verdient. Sie genießen Protektion vor der Zwangsvollstreckung.

Die Gesetzgebung ist geprägt von einem überbordenden Positivismus; die Gesetze versuchen alles bis ins letzte Detail zu regeln: Richter und andere Anwender sollen zu reinen Vollzugsautomaten degradiert werden. Entsprechend sehen die Gesetze auch aus. Mit dem *argumentum e contrario* kann in vielen Fällen die Anwendung eines Gesetzes ausgeschlossen werden, da die Aufzählungen im Gesetz als abschließend betrachtet werden. Neuere Gesetze versuchen dem zu begegnen, indem sie am Schluss einer Aufzählung hinzufügen: «... und übrigen Fällen». Damit wird dann wieder eine ausufernde Anwendung provoziert.

Das Rechtsverständnis ist nicht teleologisch, sondern formalistisch und klammert sich an den Buchstaben des Gesetzes. Es interessiert nicht die materielle, sondern die formelle, dokumentierte Wahrheit.

Wenn der Zollbeamte einen neuen Computer zur Verzollung vorgelegt bekommt, der nach Katalogpreisen und aller Lebenserfahrung mindestens 1000 US-Dollar kostet, ihm jedoch eine Rechnung über 99 US-Dollar vorgelegt wird, so akzeptiert er dies problemlos.

10.3 Öffentliches Recht

10.3.1 Verfassungsrecht
Die Verfassung vom 12. Dezember 1993 ist zentralistisch und präsidiallastig, was auf dem Hintergrund russischer Tradition und Demokratieunerfahrenheit seine Berechtigung haben mag. Bezüglich der Formulierung der Grundrechtsgarantien darf sie als eine der

modernsten der in Kraft stehenden Verfassungen angesehen werden. Das Problem ist, dass in der Praxis weder Rechtsunterworfene noch Rechtsanwender mit diesen Formulierungen etwas anfangen können. Die gleich zweimal explizit in der Verfassung stehende Formulierung, die Verfassung sei direkt anwendbar, fasst nicht Fuß. Es ist während der Sowjetherrschaft so in Fleisch und Blut übergegangen, dass eine Verfassung kein anwendbares Gesetz, sondern ein Propagandaforum sei, dass dies selbst bei höchstrichterlichen Entscheidungen noch heute nachwirkt. Das oberste Gericht getraut sich in vielen Fällen, wo klar Verfassungsrecht verletzt ist, nicht, sich auf die Verfassungsnorm zu stützen, sondern nur auf Gesetzeserlasse, die oft nicht den Kern der Sache treffen.

Das Verfassungsgericht verbot anderen Gerichten, die Verfassung zu interpretieren, wobei in der Praxis aber verstanden wird, sich auf sie zu berufen.

Gegenwärtig sind Tendenzen zu einer weiteren verfassungsrechtlichen Stärkung des Präsidentenamts auszumachen. So hat es vor Kurzem den (wohl erfolglosen) Vorstoß innerhalb der Staatsduma gegeben, durch eine Verfassungsänderung eine dritte mögliche Amtszeit für den Präsidenten zu einzuführen. Nach der aktuellen Regelung sind nur zwei aufeinander folgende Mandate des Staatsoberhaupts zulässig.

Im Anschluss wurde vom Amtsinhaber Putin selbst eine Verlängerung der Amtszeit des Präsidenten von vier auf fünf bis sieben Jahre befürwortet.

10.3.2 Verwaltungsrecht
Das Verwaltungsrecht wird dadurch charakterisiert, dass es kein Verwaltungsverfahrensgesetz gibt. Wie schon vorher gezeigt, werden Verfahrensmaximen, die in westlichen Rechtsstaaten direkt aus der Verfassung abgeleitet werden (Willkürverbot, Verhältnismäßigkeitsprinzip, Verbot der sinnlosen Rechtsanwendung, Verbot des überspitzten Formalismus/Schikaneverbot, rechtliches Gehör und so

weiter) aus der russischen Verfassung nicht abgeleitet. Solche Maximen sind schlicht unbekannt.

Jede Behörde denkt sich ihre eigenen, dem Bürger in der Regel unbekannten Verfahrensregeln aus. Meist werden sie nicht publiziert und auch am Telefon nicht bekannt gegeben. Der Rechtsunterworfene muss in erniedrigender Weise vor irgendeinem Schalterbeamten in der Warteschlange stehen, damit ihm mündlich eröffnet wird, wie der Verfahrensgang stattfindet. Während man im Positiven davon ausgehen kann, dass es für viele unsinnige Regelwerke eine praktische und menschliche Lösung gibt, muss man aber auch als negative Möglichkeit erwarten, dass der Spielraum der Willkür ziemlich weit ist.

Eine meiner Bekannten handelt mit Möbeln. Wenn sie einen Lieferwagen mit Möbeln zur Auslieferung an den Kunden schickt, muss der Fahrer folgende Dokumente mit sich führen:

- Rechnung an den Kunden,
- Fakturarechnung (Fragen Sie mich bitte nicht nach dem Unterschied zwischen diesen beiden Rechnungsarten, ich habe ihn trotz langen Erklärungsversuchen bis heute nicht verstanden – es ist wieder einmal irgendeine dieser bürokratischen Blüten, die so oft blühen und wieder verblühen – und durch zwei andere Knospen ersetzt werden),
- Lieferschein,
- Kopie der Bankzahlung und schließlich
- die Vollmacht an den Fahrer, dass er diese Partie Möbel vom Lager mit Adresse x zum Kunden mit Adresse y führen dürfe.

Einmal, im tiefen Winter bei bitterer Kälte, wurde ihr Lieferwagen von der Wirtschaftspolizei zur Dokumentenprüfung angehalten. Es stellte sich heraus, dass die Dokumente nicht in Ordnung waren: Auf dem Lieferschein hätte vermerkt sein sollen, welcher Fahrer die Ware überführt (obwohl ein anderes Dokument, die Vollmacht an den Fahrer, genau dies bestätigt).

Die Polizei drohte deshalb, die Ware ins Polizeilager zu überführen, um die ganze Möbeltransaktion auf ihre Richtigkeit zu überprüfen … Was dies am Schluss bedeuten würde, ist jedem klar: unendliche, mit hohen Kosten verbundene Umtriebe, Lieferverzögerung beim Kunden, der vermutlich Schadenersatz fordert, und so weiter. Dass diese Situation umgangen werden musste, war offensichtlich, sowohl meiner Bekannten, als auch dem kontrollierenden Milizionär. Vor allem ihm.

Es ist allerdings nicht ausreichend, bei der nächsten Fuhre alles fein säuberlich korrekt nach Vorschrift auszufüllen: Schon am nächsten Tag könnte es wieder irgendeine neue Vorschrift geben, die irgendein Amt erlassen hat und von der niemand außer dem Milizionär etwas weiß!

Als Nächstes ist wesentlich, dass keine Untersuchungsmaxime gilt. Die Behörde verlangt vom Rechtsunterworfenen, dass er alle möglichen und unmöglichen Tatsachen dokumentarisch beweise (zum Beispiel Beibringen einer Geburtsurkunde, die aber nicht älter als sechs Monate sein darf). Entsprechend ist es üblich, dass die widersinnigsten «Bestätigungen» von Behörden (natürlich gegen Schmiergeld) ausgestellt werden. Sprichwörtlich ist die amtliche Aufforderung: «Beweisen Sie, dass Sie kein Kamel sind.»

Wer in Moskau eine Wohnung besitzt, muss Kommunalabgaben bezahlen für Wasser, Gas, Strom, Bodenmiete und so weiter. Dabei gilt ein progressiver Tarif pro Quadratmeter der Wohnung. Wer zwei Wohnungen besitzt, muss einen doppelten Tarif bezahlen.

Die Behörde schickte meiner Bekannten die Kommunalabgaberechnung zum doppelten Tarif. Sie hatte jedoch nur eine Wohnung. Auf ihre Reklamation hin wurde sie vom zuständigen Beamten barsch abgewiesen: Das könne ja jeder sagen. Sie solle das beweisen. Es gibt nämlich ein Wohnungsregisteramt, das die Eigentümerlisten führt. Sie solle eine *Spravka* (Bestätigung) von diesem Amt bringen, dass sie tatsächlich nur eine Wohnung in Moskau besitze.

Was es heißt, eine solche Bestätigung beizubringen, weiß nur, wer schon einmal in einem dieser langen, dunklen Korridore ohne Sitzgelegenheiten einer russischen Verwaltungsbehörde mehrere Stunden lang in der Schlange gewartet hat! Die Wahl ist also nur, die Kommunalrechnung in doppelter Höhe zu bezahlen oder diese erniedrigende Prozedur über sich ergehen zu lassen! Nein, halt, da gibt es noch eine andere Möglichkeit, sich mit dem Beamten zu einigen! Raten Sie mal …

Ein weiteres wesentliches Element der kafkaschen Bürokratie ist das aus der Sowjetzeit übernommene System der Präventivkontrolle. Die mitteleuropäische Gesetzgebung dürfen wir im Wesentlichen noch als Missbrauchsgesetzgebung bezeichnen: Der Bürger muss nicht Berechtigungen einholen, sondern ist frei, sich zu betätigen. Dabei muss er gesetzliche Vorschriften einhalten. Wenn er es nicht tut, wird er anschließend für sein Verhalten bestraft.

Ganz anders in Russland: Jedes Tun will präventiv kontrolliert sein. Für jede Betätigung braucht es vorgängig eine Bewilligung, Genehmigung oder Lizenz. Die Genehmigungserteilung wird von der Erfüllung bürokratischer Kriterien abhängig gemacht. So werden zum Beispiel Lizenzen zur Führung einer Autowerkstätte im Prinzip nur an juristische Personen abgegeben. Wer am Schluss das Auto repariert – ein ausgebildeter Mechaniker oder ein betrunkener Hilfsarbeiter –, ist dabei unwesentlich. Im Gegenteil: Ein nachträglicher Haftungsprozess wird schwierig, da er meist an der Präsumtion der Richtigkeit des Handelns der lizensierten Unternehmung scheitert. (Sonst würde ja der behördliche Genehmigungsentscheid desavouiert oder vielmehr könnte gar die Frage nach dem Regress auf die Genehmigungsbehörde auftauchen.)

Wir erkennen jetzt das ganze Zusammenspiel:
- unterbezahlte Beamte, die ihren Dienst nur als persönliche Bereicherungsquelle, nicht aber als Dienst am Staat verstehen,
- Präventivkontrollen, die den Bürger zu dauernden Behördengängen zwingen, wobei die Behörden Genehmigungen zum Tätigwerden «verkaufen», und

- fehlende Untersuchungsmaxime, mit der sich Behörden gegenseitig Einnahmequellen dadurch verschaffen, dass für alles und jedes formale Bestätigungen «erkauft» werden müssen.

Das System kreiert einen Verwaltungsmoloch, der dauernd wächst und die Privatwirtschaft zunehmend lahmlegt. Der schon zu Sowjetzeiten nicht kleine Verwaltungsapparat hat sich seither je nach Zählart verdrei- oder verfünffacht.

10.3.3 Steuerrecht

Das sowjetische Planwirtschaftssystem kannte praktisch keinen Steuereinzug. Das derzeitige Steuersystem ist in einer Art Wildwuchs gewachsen; es hat keine theoretische oder systematische Grundlage, sondern dient nur dem Ziel, die Staatskasse zu füllen. Das chaotische System von Steuern (im Jahre 2000 zum Beispiel in Moskau 64 Arten) verschiedenster Natur mit unterschiedlichen Bemessungsgrundlagen, Berechnungsperioden und Abrechnungsfristen lassen Steuerabrechnungen zu einem Horror werden. Subgesetzliche Vorschriften über die Abziehbarkeit von Ausgaben und so weiter, welche beinahe wöchentlich wechseln, lassen keine geordnete Steuerbuchhaltung zu.

In die Steuerverwaltung wurden keine ausgebildeten Buchhalter genommen. Diese stammten aus dem Bereich «Handel» und galten als unzuverlässig. Deshalb wurden die Steuerbeamten vorwiegend aus entlassenen Armeeoffizieren rekrutiert.

Im Wesentlichen wird auf die Verbrauchssteuern gesetzt, vor allem auf die Mehrwertsteuer mit einem derzeitigen Satz von 18 Prozent. Die Vermögenssteuer beträgt 2 Prozent.

Der Gewinnsteuersatz von maximal 24 Prozent liegt zwar so besehen im europäischen Rahmen, ist aber in Tat und Wahrheit wesentlich höher, da viele Ausgaben bezüglich Werbung, Versicherungen, Dienstreisen und übrige Spesen nicht als abzugsfähig anerkannt, sondern als Gewinnausschüttung betrachtet werden.

Interessant ist der Einheitssteuersatz von 13 Prozent als Einkommenssteuer. Seit Januar 2003 gilt für Einzelkaufleute und mittelständische Betriebe ein ebenfalls interessanter Einheitssteuersatz, mit dem alles abgegolten ist. Das bedeutet die Befreiung von allen übrigen Steuern wie Mehrwert-, Gewinn-, Verkaufssteuern und staatliche Sozialabgaben, je nach Wahl entweder 6 Prozent des Umsatzes oder 15 Prozent des Gewinns.

Zwar wurden in den letzten Jahren viele Steuern gesenkt oder abgeschafft, aber die Abrechnungsbürokratie ist schlimmer geworden. Bei der Abgabe der Steuerdeklaration, die persönlich erfolgen muss – außer man bezahlt einen relativ großen Geldbetrag für das Recht zur elektronischen Abgabe (!) –, muss man oft mehrere Stunden in der Warteschlange stehen.

Trotz dieser Maßnahmen der Steuersenkung spielt sich noch viel in der Schattenwirtschaft ab, die auf annähernd die Hälfte des Bruttosozialprodukts geschätzt wird. Dies begünstigt im Markt natürlich die «Schattenwirtschafter» dermaßen, dass auch die anderen aus Gründen der Konkurrenzfähigkeit dorthin «abwandern».

10.3.4 Strafrecht

Das Strafrecht entspricht im Wesentlichen unseren theoretischen Prinzipien von Vorsatz, Fahrlässigkeit, Schuldfähigkeit und so weiter. Im Rahmen der Europäischen Menschenrechtskonvention (EMRK) werden aber die Verfahrensprinzipien und der Strafvollzug noch viel zu reden geben.

Deutlichste Elemente im Strafvollzug sind physische Gewalt, Hunger und Selbstkontrolle der Insassen durch ein kastenartiges System von Unter- und Überordnung.

Durch ein Urteil des Verfassungsgerichts vom 2. Februar 1999 kann vorderhand kein Todesurteil ausgesprochen werden, bis ein neues Gesetz das Geschworenengericht einführt. Verfassung und EMRK-Protokoll sehen die Abschaffung der Todesstrafe vor.

10.3.5 Europäische Menschenrechtskonvention (EMRK)

Am 30. März 1998 ist die Anwendung der EMRK für Russland in Kraft getreten. Die Verfahren vor dem Europäischen Gerichtshof für Menschenrechte in Straßburg gegen Russland, zusammen mit Rumänien, der Türkei und der Ukraine, machen mehr als die Hälfte der Anfang 2007 anhängigen Verfahren aus.

Vom Inkrafttreten bis Ende 2005 wurden insgesamt 46 650 Beschwerden gegen Russland eingereicht, davon alleine im Jahre 2005 9340. Bisher wurde in 81 Urteilen eine Verletzung der Menschenrechtskonvention festgestellt und zweimal eine Nichtverletzung.

Die Entscheidungen aus Straßburg haben bereits zu Reformen im öffentlichen Recht geführt, etwa im Bereich Untersuchungshaftbedingungen oder Unterbringung in psychiatrischen Krankenhäusern. Im Hinblick auf die enorme Schieflage im Verwaltungsverfahren, dem Strafverfahren und -vollzug ist von den Urteilen des Gerichtshofs insgesamt ein großer Innovationsschub für die Reformen im öffentlichen Recht zu erwarten. Man kann daran erkennen, dass der Einbezug Russlands in die großen europäischen Vertragssysteme nicht ohne Wirkung geblieben ist.

10.4 Privatrecht

10.4.1 Kodex des Bürgerlichen Rechts

Das Bürgerliche Gesetzbuch wurde seit 1994 etappenweise neu geschaffen. Heute sind alle vier Teile in Kraft (Teil vier ab 1.1.08):

* Teil eins: «Allgemeiner Teil», «Eigentum und andere dingliche Rechte», «Obligationenrecht, allgemeiner Teil»
* Teil zwei: «Spezieller Teil des Obligationenrechts»
* Teil drei: «Erbrecht» und «Internationales Privatrecht»
* Teil vier: «Immaterialgüterrecht»

Der vierte Teil des Bürgerlichen Gesetzbuchs tritt am 1. Januar 2008 in Kraft. Regelungsgegenstand des vierten Teils sind die Rechtsverhältnisse im Bereich des Schutzes des geistigen Eigentums, also insbesondere Urheberrecht, Patentrecht, Markenrecht und so weiter.

Die meisten Rechtsvorschriften bezüglich des geistigen Eigentums waren in Russland zu Beginn der Neunzigerjahre verabschiedet worden und befanden sich verstreut über eine Vielzahl einzelner Gesetze. Die grundlegende Überarbeitung und Regelung innerhalb des Bürgerlichen Gesetzbuchs erfolgte also zum einen zur Schaffung von Übersichtlichkeit durch die umfassende Regelung innerhalb eines Gesetzes und zum anderen zur Anpassung der Gesetzeslage an die wirtschaftlichen und technischen Entwicklungen seit Anfang der neunziger Jahre.

10.4.2 Ausgewählte Rechtsfragen

Eigentum an Immobilien

Es wurde oft behauptet, in Russland gebe es kein Eigentum an Grund und Boden. Dies sei ein wesentliches Element, weshalb niemand investieren wolle. Die Verfassung von 1993 garantiert klar allen Bürgern das Recht auf Grundeigentum.

Ausländer und Bürger haben das Recht auf übriges Immobilieneigentum, also Eigentum an Gebäuden.

Schon zu Sowjetzeiten waren 20 Prozent der Russen Immobilienbesitzer. Sie hatten Datschas, private Einfamilienhäuser und Stockwerkeigentum in Kooperativhäusern. Heute, nach der Privatisierung, wohnen die meisten Russen in ihren eigenen Wohnungen. Die meisten Familien haben zusätzlich eine Datscha in Eigentum.

Heute hat Russland eine Eigentümerstruktur, von der andere Länder nur träumen könnten: Anlässlich der Privatisierung ab 1991 konnte jedermann die Wohnung, in der er wohnte, unentgeltlich in privates Eigentum überführen. Da aber alle Familienmitglieder ein gesetzliches Wohnrecht in der Wohnung haben, diese also mit Servituten belastet sind, geben Banken auf solche privatisierte Wohnungen in der Regel keine Kredite. So wohnen also die meisten Russen in einer hypothekarzinsfreien Eigentumswohnung. Der Umschwung um eine Datscha oder sonst ein Gebäude, im Landplanregister allerdings sehr ungenau vermessen, gehört als unabdingbarer Teil zum Gebäude. Der Landkodex besagt: «Das Land geht immer mit dem Gebäude.»

Am Land war man aber formell nicht Eigentümer. Das Recht war formuliert als ein «vererbbares und übertragbares unbefristetes Nutzungsrecht». Für das Nutzungsrecht ist eine Bodensteuer zu bezahlen, deren Höhe gesetzlich bestimmt wird.

Inhaltlich handelt es sich also um eine Wortkabbala, ob man dies als Eigentum in unserem Sinn betrachten kann. Letztlich sind keine Unterschiede zu sehen zu unserem Begriff an Grundeigentum – solange es sich um ein an Gebäuden orientiertes Grundstück handelt.

Worüber der aktuelle Ideologienstreit ging und geht, ist das Eigentum an freiem, landwirtschaftlich nutzbarem Land. Nach dem aktuellen Bodenrecht (Landkodex und Gesetz über Landwirtschaftsboden) können russische natürliche und juristische Personen jeden Boden kaufen, sei er bebaut oder unbebaut.

Ausländer können Eigentum an allen Wohn- und Industriegebäuden sowie an nicht landwirtschaftlichem Boden erwerben. An Landwirtschaftsboden können Ausländer nur Nutzungsrechte erwerben.

Dazu gibt es verschiedene Ausnahmen wie zum Beispiel Bodenkauf in Grenzgebieten, militärischen Sperrzonen und so weiter.

Allerdings gibt es kein Gesetz, welches Behörden verpflichtet, das in ihrem Eigentum stehende Land zu verkaufen. Die Föderationssubjekte und Munizipalitäten verkaufen ihren Boden aber nur ungern und sehr zögerlich. Bis jetzt wird Land in der Regel nur in Pacht oder Nutzungsrecht abgegeben. Die örtliche Administration kann Land in folgenden Formen übertragen:

- Eigentum,
- lebenslänglicher und vererbbarer Besitz,
- unbefristetes, ständiges Nutzungsrecht (zweckgebunden),

- Pacht oder
- befristetes Nutzungsrecht.

Gegner der Eigentumslösung behaupten, diese würde der Spekulation Vorschub leisten und es würde bei der jetzigen unausgewogenen Kapitalverteilung schnell wieder Großgrundbesitzer und zinspflichtige Schollenbauern geben. Befürworter der Eigentumslösung meinen im Gegenteil, dass so eine Kapitalbildung über Hypothekarkredite ermöglicht werde. Die Gegner der Eigentumslösung meinen, ein Hypothekarkreditsystem sei auch möglich auf Basis übertragbarer, befristeter, jedoch mit Vorzugsverlängerungsrecht versehener Nutzungsrechte.

Stockwerkeigentum

In der Schweiz gibt es Stimmen, die eine Revision der Regelung über das Stockwerkeigentum empfehlen. Man solle das Eigentum an der «Kommode» (Infrastrukturteil des Hauses wie Treppenhaus, Lift, Dach, Fassade und so weiter) vom Eigentum an der «Schublade» (eigentliche Wohnung) trennen. Wäre der Eigentümer der «Kommode» jemand anders, würden sich die Kosten zur Beschaffung von Wohnungseigentum um zirka 50 Prozent verringern. Man hofft damit die ungesund schmale Eigentumsstruktur in der Schweiz verbessern zu können.

In Russland gibt es – bedingt durch die politische Tradition – verschiedene Formen:
- *In kommunalen Wohnblöcken:* Hier halten die Eigentümer der Wohnungen in der Regel nur Eigentum an der Wohnung, der «Schublade». Die allgemeine Infrastruktur des Gebäudes gehört in der Regel der Munizipalität. Das Wohnungsamt *(Schek)* verwaltet und unterhält diese aus dem Wohnungsfond beim munizipalen Budget. Der munizipale Wohnungsfond wird aus den Kommunalabgaben gebildet, welche Mieter und Eigentümer solcher Wohnungen zu bezahlen haben. Diese Form trifft vor-

nehmlich bei den nach der Sowjetzeit privatisierten staatlichen Wohnblöcken zu.

- *In genossenschaftlichen Wohnblöcken:* Schon zur Sowjetzeit war es möglich, privates Stockwerkeigentum in genossenschaftlichen Wohnblöcken zu haben. In der aus dieser Zeit herausgewachsenen Rechtsform bilden alle Wohnungseigentümer eine Genossenschaft. Voraussetzung für den Wohnungsverkauf ist die Genehmigung durch die Genossenschaft. Die Infrastrukturteile des Gebäudes werden von der Genossenschaft verwaltet und unterhalten.

- *In Wohnblöcken von Kapitalgesellschaften:* Nach der Sowjetzeit haben auch private Aktiengesellschaften Wohnkomplexe gebaut und ebenso nach diesem System die einzelnen Wohnungen verkauft. Eigentum, Verwaltung und Unterhalt bleiben entweder bei der AG, welche dafür von den Wohnungseigentümern vertraglich festgelegte Beiträge erhält, oder die Stockwerkeigentümer halten die gemeinsamen Teile in Miteigentum.

10.4.3 Eheliches Güterrecht

Das Familiengesetzbuch vom 1. März 1996 bestimmt die Errungenschaftsbeteiligung zum ordentlichen gesetzlichen Güterstand. Die Bestimmung ist dispositiv. Jederzeit kann vertraglich anderes bestimmt werden, von der Gütergemeinschaft bis zur Gütertrennung.

10.4.4 Gesellschaftsrecht

Die gebräuchlichsten juristischen Personen sind die Aktiengesellschaft und die GmbH (OOO).

Die ausgestaltenden Gesetze sind neueren Datums (AG: 26.12.1995, GmbH: 8.2.1998) und entsprechen westeuropäischen Standards und Traditionen. Für die Organe dieser Gesellschaften gibt es in beiden Formen keine Beschränkungen nach Bürgerschaft oder Wohnsitz.

Bei der AG gibt es zwei Formen. Die eine ist die sogenannte «geschlossene» AG (ZAO), welche maximal 50 Aktionäre haben kann und nur vinkulierte Namenspapiere kennt. Das Gegenstück ist die «offene» AG (OAO); sie ist geschaffen für Publikumsgesellschaften. Wegen der Bürokratie beim Aktienübertrag und den Statutenänderungen bei der geschlossenen AG werden heute bevorzugt GmbHs gegründet. Die GmbH lehnt sich stark an die deutsche Form an, wie ja auch die schweizerische GmbH in weiten Teilen nicht ihr deutsches Vorbild verbirgt.

10.5 Gerichtswesen

10.5.1 Gerichtsorganisation

Das Gerichtssystem teilt sich im Wesentlichen in die ordentlichen Gerichte und die Handelsgerichte (Arbitragegerichte genannt). Was wir Arbitragegericht nennen, ist in Russland das *Treteijskij-Gericht*, ein vereinbartes Schiedsgericht.

Ans Handelsgericht kommen alle Fälle, bei denen mindestens eine Partei eine juristische Person oder Freiberufler (registrierter Unternehmer) ist.

In grenzüberschreitenden Verträgen wird vorteilhaft das internationale Schiedsgericht der Handelskammer vertraglich derogiert.

Abgesehen von den Militärgerichten sind die obersten föderalen Gerichte:

• das oberste Gericht,
• das oberste Arbitragegericht,
• das Verfassungsgericht.

Das Verfassungsgericht überprüft nur die Verfassungskonformität von formalen Gesetzen der Föderation und der Föderationssubjekte.

Geplant ist die Schaffung von speziellen Verwaltungsgerichten.

10.5.2 Alltagsprobleme

Wesentliche Probleme sind der niedrige Ausbildungsstand der Richter und die unzumutbaren Verhältnisse in der materiellen Ausstattung der Gerichte. Richter der ordentlichen Zivilgerichte sind oft ehemalige Gerichtssekretärinnen, die in Schnellbleichen zu Juristen befördert wurden. Die Gerichtsgebühren der allgemeinen Zivilgerichte sind bei Weitem nicht selbsttragend.

Bei den Handelsgerichten (Arbitragegerichten) sind die Gebühren höher – entsprechend ist auch deren materielle Ausstattung besser, was sich wiederum auf die Qualität der dort arbeitenden Richter auswirkt.

11. Gefahren

Ist Russland ein gefährlicher Markt? Geht man unverantwortbare Risiken ein? Begibt man sich in die Höhle des Löwen?

Ich möchte behaupten, dass der russische Markt trotz der in den vorigen Kapiteln geschilderten strukturellen Unzulänglichkeiten in weiten Teilen kaum gefährlicher ist als irgendein anderer Markt. Die größte Gefahr für westliche Manager besteht in der Art, mit der sie sich nicht um die Besonderheiten der russischen Verhältnisse kümmern. Sie gehen ihn an, wie sie das schon in Frankreich, England und den USA gemacht haben. Sie glauben, sie könnten notfalls den Russen erklären, wie die alles organisieren müssten. Fachmännischen Rat schlagen sie in den Wind.

Wenn sie dann am Schluss mit abgesägten Hosen dastehen, alles schiefgelaufen ist und das Experiment «Marktexpansion nach Russland» mit großen Verlusten abgebrochen werden muss, braucht man nicht lange zu raten, was erzählt wird. Keiner wird zugeben und sagen: «Ich war blöd, ich habe mich nicht um die Marktbesonderheiten gekümmert und Grundregeln der dortigen Kultur missachtet.» Im Gegenteil. Sie werden erhobenen Hauptes nach Hause gehen und erklären: «In Russland kann man nicht arbeiten: Dort herrschen nur Mafia und Korruption.»

Mir scheint es manchmal, diese Gespenster werden mit Vorliebe von erfolglosen Geschäftsleuten kolportiert, die sich unter Hinweis darauf von allem Verschulden reinwaschen können.

Gefahren sind wohl per definitionem überall dieselben. Es sind äußere Einflüsse, die man nicht kennt und deshalb nicht beherrschen kann.

Gerne führe ich folgendes Beispiel an: Wenn Sie den südindischen Dschungelbuben Mowgli fragen, ob der Dschungel denn gefährlich sei, wird er bestimmt versichern, dass er das nicht sei. Man müsse nur etwas aufpassen und vorsichtig sein, dort die Schlangen, hier die Krokodile, dahinter die Tiger und nicht zu vergessen die Skorpione – eigentlich ungefährlich, man müsse sich nur richtig verhalten.

Versetzen Sie dieses Dschungelkind aber nur für einige Minuten an den Zürcher Bellevue-Platz, wo Straßenbahnen, Autobusse, Autos, Fahrräder und rennende Fußgänger gleichzeitig aneinander vorbeijonglieren: Wie viele Minuten geben Sie Mowgli? Wo ist das Leben folglich gefährlicher? In Zürich oder im Dschungel?

Die Freundin eines Bekannten, die mit ihrem Mann für das Internationale Komitee vom Roten Kreuz (IKRK) an vielen gewalttätigen Brennpunkten der Welt tätig gewesen war (und das mit drei Kindern), schreckte geradezu davor zurück, an die Zentrale nach Genf zu ziehen: «Da kennen wir ja keinen ...»

Natürlich gibt es in Russland wie überall Gefahren, die man kennen muss.

11.1 Mafia

In den Jahren 1992 bis 1995 gab es Probleme mit der staatlichen Ordnungsmacht. Sie war abwesend, existierte praktisch nicht mehr. Die Sowjetregierung war ab-, die neue russische Regierung aber noch nicht aufgebaut. Schutz und Sicherheit waren für die Bürger nicht mehr gewährleistet. Wie in einer Marktwirtschaft üblich, reagierte der Markt sofort. Verschiedene «Securitas»-Organisationen boten an, gegen Bezahlung in diese Lücke einzuspringen und für den nötigen Schutz zu sorgen. Eine der mächtigsten Organisationen in Moskau war die ethnische Gruppierung der Tschetschenen. Bald kam aber Konkurrenz. Es bildeten sich Gruppierungen, die sich nach Vororten von Moskau nannten: Solntsewo, Ljubertsi und noch einige andere.

Aber diese Zeiten sind schon längst vorbei. Ihre Arbeit hat wieder die Polizei übernommen. Die Exponenten von damals rufen schon längst nach dem Rechtsstaat und wollen verhindern, dass ihnen die damals angeschaffte Gebührenkasse von irgendwelchen Strolchen weggenommen wird.

Das Problem ist meines Erachtens schon mindestens zehn Jahre vom Tisch – aber in der westlichen Presse wird dieses Thema weiter gepflegt wie ein verhätscheltes Kind.

Es ist nicht so, dass es keine mafiosen Verhältnisse gäbe. Diese Vorstellung wäre zu naiv. Aber kein Geschäftsmann mit gesundem Menschenverstand käme auf den Gedanken, den italienischen Markt und damit eine der bedeutendsten Volkswirtschaften der Welt zu meiden, nur weil Italien Verbrecherorganisationen wie die Mafia, die Camorra oder die Ndrangheta hervorgebracht hat.

Erpressungsversuche sind heute eher von Behördenmitgliedern zu erwarten. Die gesetzlichen Vorschriften sind derart diffus und widersprüchlich, dass es niemandem gelingt, absolut «sauber» zu bleiben. Wenn die gesamte Konkurrenz Zollvorschriften auf dieselbe Art und Weise umgeht, sind auch Sie gezwungen, dasselbe zu tun – sonst sind Sie schnell vom Markt. Wenn eine ganze Branche dasselbe tut, kann man sich auch als Rechtswissenschaftler durchaus ehrlich fragen: Was ist nun geltendes Recht? Was muss man als geltende Regelung betrachten? Das, was auf einem Fetzen Papier, erlassen von einer unteren Verwaltungsbehörde, steht – oder die Regelung die in der Praxis allgemein angewendet wird? Bei diesem Widerspruch setzen Beamte mitunter an. Sie pochen auf den geschriebenen Buchstaben und malen Ihnen horrende Szenarien von Gefängnisstrafen, Firmenschließung und so weiter, natürlich in der Absicht, Sie weichzuklopfen. Tun Sie nur das nicht: Einmal zahlen heißt immer zahlen.

In einer solchen Situation sollten Sie entweder einen Vermittler suchen – oder, falls die Erpressung seitens des Beamten klar und deutlich ausgesprochen wird, melden Sie sich bei der Antikorruptionsabteilung der verfeindeten Parallelbehörde: War's die Polizei, melden Sie sich bei der Staatssicherheit – oder umgekehrt.

In einem ähnlichen Fall, wo ich wegen eines Zollvergehens erpresst wurde, meldete ich mich bei der Antikorruptionsbehörde und beichtete sofort unumwunden alle meine «Sünden». Am Schluss war ich die Erpresser los – und das Verfahren wurde eingestellt. Ich musste keine Strafzollrechnung bezahlen.

Zahlen Sie nie auf einen Erpressungsversuch hin. Melden Sie sich bei den Behörden.

11.2 Korruption

Kosten. Am Gipfeltreffen der GUS fragt ein Korrespondent drei Zollbeamte aus Weißrussland, der Ukraine und Russland, wie lange sie zur Anschaffung einer westlichen Automarke bräuchten, zum Beispiel BMW. Der Weißrusse holt einen Taschenrechner hervor, hebt schließlich den Kopf und meint: «Zwei Monate.»

Der Ukrainer runzelt die Stirn und meint: «Anderthalb Monate.»

Der Russe rechnet und rechnet und kommt schließlich zum Ergebnis: «Rund anderthalb Jahre.»

Erstaunt fragt der Korrespondent: «Warum so lange?»

«Nun, wissen Sie, BMW ist eine seriöse Firma, die Fabrikationshallen sind sehr teuer …»

Ein Mitglied der siebenköpfigen Regierung ist zuständig für das gesamtwirtschaftliche Wohl. Der Magistrat entscheidet auch über Subventionen, die an Betriebe ausgerichtet werden sollen. Er spricht eine große staatliche Subvention an einen «Not leidenden» Beinahe-Monopolbetrieb der Milchwirtschaft. Nach einigen Monaten scheidet er aus der Regierung aus und wird Mitglied des Verwaltungsrats in einem großen Betrieb. Dem vorgenannten. Solche Dinge kommen in jedem Land vor, nicht nur in der Schweiz, auch in Russland. Allerdings nennt man sie dort in der Regel beim Namen; vor allem die ausländischen Berichterstatter tun es. Sie haben ihre Optik auf Russland scharf eingestellt und leider am Hinterkopf keine Augen, mit denen sie die Vorgänge in ihrer Heimat beobachten könnten.

Natürlich ist Korruption in Russland ein Thema. Das beweisen schon die in regelmäßigen Abständen wiederkehrenden Antikorruptionskampagnen, bei denen zur Befriedigung der Massen einige kleine Fische gefangen und an den Pranger gestellt werden.

Nützen tun sie selbstverständlich nichts – es liegt am System. Und das System ist nun mal eindeutig ein anderes, bewusst von Peter dem Großen im 18. Jahrhundert eingeführt, ein Beamtenapparat, der in seinem Auftrage arbeitet, von ihm jedoch nicht bezahlt wird. Auf Seite 32 wurde das Problem bereits abgehandelt.

Ausländer unterliegen mitunter einer Begriffsverwirrung. Was sie in Russland als Korruption bezeichnen, wird dort anders verstanden. Der Vorgang müsste übersetzt werden mit: «Entrichtung der marktwirtschaftlich ausgehandelten Verwaltungsgebühr.»

Wurde diese Gebührenentrichtung für Verwaltungshandeln in früheren Zeiten mit quittungsloser Barzahlung noch recht archaisch gehandhabt, so haben die Russen auch diesbezüglich vom Westen gelernt. Heute erfolgen die Dienstleistungen oft viel gesitteter.

Wenn Ware verzollt werden muss, so beauftragt man eine spezialisierte Deklarationsfirma mit der Abwicklung aller Formalitäten. Man zahlt per Banküberweisung – und die Ware wird «optimal» und fachgerecht verzollt. Dass die Firma den Zollbeamten gehört, muss mich nicht kümmern und geht mich auch nichts an.

Auch für Ruhe und Ordnung will gesorgt sein. Da die Miliz hilflos überlastet ist, beauftrage ich eine private «Securitas»-Firma. Die bewacht mein Haus ordentlich. Nur habe ich noch nie einen Securitas-Mitarbeiter in der Nähe meines Hauses gesehen. Mir ist lediglich aufgefallen, dass die ordentlichen, staatlichen Polizisten immer aufmerksam meinen Hauseingang beobachten. Wem wohl die Securitas-Firma gehören mag?

Man kann als ehernes Prinzip davon ausgehen: Der deutlich unterbezahlte russische Beamte wird ohne Zusatzgebühr in der Regel nicht tätig. Die Verwaltungsgebühr muss entrichtet werden. Jedoch keinesfalls mit versteckter Barzahlung unter der Hand. Das ist gefährlich und nicht ratsam. Die Zeiten sind vorbei. Besonders während der Hochsaison einer Antikorruptionskampagne, wenn man wieder mal eine Vorzeigetrophäe für die Medien braucht, ist es seit geraumer Zeit üblich, dass Beamte einen Bürger bewusst so in die Ecke treiben, dass dieser ein «Lösegeld» offeriert. Dabei sind die versteckten Kameras eingeschaltet und angeklagt wird – selbstverständlich nicht der Beamte.

Bestechen Sie keine Beamten, indem Sie ihnen Bares geben. Bei unlösbaren Problemen mit der Verwaltung fragen Sie den Beamten direkt, ob er Ihnen nicht eine Berater-Firma nennen könne, die auf die Lösung solcher Probleme spezialisiert sei. In der Regel muss er nicht lange studieren.

11.3 Zahlungsmoral

Über die Zahlungsmoral kann gesagt werden, was will: Ich habe mit russischen Kunden im Wesentlichen nur gute Erfahrungen gemacht. Ich wäre froh, ich könnte dasselbe von allen westlichen Kunden behaupten. Natürlich, aufpassen muss man überall. Der neue russische Kunde versteht es in der Regel ohne Weiteres, wenn Sie einen Kostenvorschuss verlangen. Oft verlangt er nicht einmal die Sicherung durch ein Dokumentenakkreditiv, sondern gibt sich mit einer Garantieerklärung des Lieferanten zufrieden. Etwas schwierig ist das Lavieren oft im Dienstleistungsbereich, etwa einem Architekturvertrag: Der Russe möchte nicht eine große Vorschusszahlung an einen fremden Architekten zahlen, den er nicht kennt, und der Architekt möchte nicht große Arbeit leisten, wenn er um die Bezahlung fürchten muss. Da empfiehlt es sich, vor allem anfangs, kleine Leistungsetappen zu definieren, wo etappenweise bezahlt wird. Da hat der Dienstleister zuerst ein kleineres Risiko, und der Auftraggeber lernt seinen Architekten kennen. Bei späteren, größeren Etappen ist der Auftraggeber dann auch bereit, Vorschusszahlungen zu leisten.

Vorsicht ist geboten, wenn ein russischer Geschäftspartner von Ihnen größere Vorleistungen ohne Vorschuss oder Garantien fordert. Das ist nicht üblich, und der russische Geschäftsmann versteht das auch. In einer solchen Situation muss Ihre Warnanlage blinken. Lassen Sie sich keine Spaghetti über die Ohren hängen!

Bei gewissen Geschäften – etwa dem «Schwarzanteil» im Liegenschaftshandel, sind archaische Methoden üblich. (Wer soll das Risiko eingehen? Soll der Verkäufer unterschreiben, bevor er das Geld hat? Oder der Käufer bezahlen, bevor die Liegenschaft überschrieben ist?) Der Käufer hinterlegt in einem Banksafe mit zwei Schlüsseln die vereinbarte Summe in Bargeld. Einen Schlüssel erhält der Käufer, der andere ist beim Verkäufer. Erst wenn die Kaufformalitäten erledigt sind, geht man gemeinsam zum Safe.

11.4 Unfreundliche Geschäftsübernahmen

Die größten Gefahren gehen meist von den Mitarbeitern aus. Das Schema ist in der Regel einfach: Ihre Mitarbeiter gründen im geheimen gemeinsam eine Konkurrenzfirma. Sobald diese operativ startbereit und die nötige Infrastruktur vorhanden ist, verlassen sie gemeinsam auf einen Schlag Ihre Firma. In der Handtasche sind selbstverständlich die Disketten mit allen Kundenadressen, Standardverträgen und übrigen Formularen. Oder noch einfacher: Ihre Mitarbeiter verlassen Sie gemeinsam und gehen geschlossen zur Konkurrenz. In der Handtasche selbstverständlich dasselbe. Ein vertragliches Konkurrenzverbot ist unwirksam.

11.5 Straßenverkehr

Die größte Gefahr in den russischen Großstädten ist sicherlich der Straßenverkehr. Mafia, Korruption, Mord und Totschlag können Sie vergleichsweise vergessen. Was auf der Straße abgeht, ist schlicht sagenhaft: Mit rasender Geschwindigkeit wird auf der Gegenfahrbahn überholt, und wenn diese verstopft ist, tut man dasselbe auf den Bürgersteigen. Rotlichter sind bedeutungslos, und den Rechtsvortritt müssen nur Schwächlinge beachten. Hier gilt das Recht des Stärkeren – dagegen ist der Dschungel eine geschützte Werkstätte.

Das Ganze wird unterstützt durch ein System von Sonderrechten der Nomenklatura, dem System der «Xivas». Das sind Ausweise für «Unantastbare», ähnlich dem System der parlamentarischen oder diplomatischen Immunität. Wer eine solche «Xiva» hat, darf von der Polizei nicht aufgehalten, durchsucht oder bestraft werden.

Als ich wieder so eine Szene beobachtete, wie einer dieser Husaren auf der Gegenfahrbahn mit selbstmörderischem Tempo eine Kolonne überholte und dabei Fußgänger und andere Autofahrer ernsthaft gefährdete, von der Polizei angehalten, aber gleich wieder weiterfahren gelassen wurde, wendete ich mich empört an den Polizisten: «Warum tun Sie denn nichts, wozu sind Sie denn da?»

Er antwortete mir mit Achselzucken: «Der hat wieder so eine ‹Xiva› an die Scheibe gehalten. Was soll ich tun – ich kann ja nicht mal beurteilen, ob diese überhaupt echt ist. Lasse ich ihn aber lange stehen und sie erweist sich am Schluss als echt, so habe ich den Ärger – brauch ich das zu diesem Lohn?»

Ich habe noch immer den indischen Geschäftsmann vor Augen, der mir noch zu Zeiten des Kalten Krieges sagte: «Wie dumm ist der Westen, so viel Geld für die Rüstung auszugeben. Was bauen wir unnötigerweise Überkapazitäten an Atombomben und Raketen. Es gäbe doch eine viel probatere Methode, die Russen zu dezimieren: Schenkt jedem ein Auto!»

12. Anhang

12.1 Mitbürger, auf die man stolz ist

Wenn Sie in Russland Erfolg haben wollen, müssen Sie Ihrem Gegenüber zu verstehen geben, dass Sie Russland und seiner Kultur Wertschätzung entgegenbringen. Sie müssen zeigen, dass Sie sich für Russland interessieren und auch etwas kennen.

Wenn Sie es hinüberbringen können, dass Ihnen die berühmten Russen auch nicht unbekannt sind, sind Sie einen großen Schritt näher beim Herzen Ihres Partners. Die hier dargestellte Auswahl porträtiert vor allem Menschen aus dem 19. Jahrhundert und an der Grenze zur Moderne. Das hat unter anderem auch damit zu tun, dass viele Künstlerinnen und Künstler des 20. Jahrhunderts – abgesehen von der Musik – ihre künstlerische Entwicklung im Exil machten und auch der Mehrzahl der Russen in der Regel nur mäßig bekannt sind.

12.1.1 Wissenschaftler

Michail Lomonossow (1711–1765)
Gründer der Moskauer Staatsuniversität, die nach ihm benannt ist. Lomonossow war Universalgelehrter, Dichter, Philosoph, Chemiker, Physiker und Mathematiker. Er formulierte das Prinzip der Erhaltung der Materie bei chemischen Prozessen und postulierte, dass Wärme eine Form von Bewegung kleinster Teile sei, dass Licht sich wellenartig ausbreite, dass der Planet Venus eine Atmosphäre habe.

Daneben erklärte Lomonossow die Natur der Eisberge, schuf eine Grammatik, die die russische Schriftsprache reformierte und veröffentlichte das erste russische Geschichtsbuch.

Dmitri Mendelejew (1834–1907)

Chemiker. Erarbeitete die Systematik der chemischen Elemente, das Periodensystem – womit er drei neue Elemente prognostizierte. Damit erklärte er den Zusammenhang zwischen Atomgewicht und den Eigenschaften chemischer Elemente. Auch darf er als Vater der russischen Erdölindustrie bezeichnet werden. Er entwickelte neue Methoden der Raffinierung des Erdöls aus den Ölfeldern von Baku.

Am besten aber ist er bei den Russen deshalb bekannt, weil er 1894 das Wodka-«Goldstandard-Rezept» festlegte: Guter Wodka entsteht aus 100 Prozent hochwertigem Korn, reinstem Quellwasser und wird auf genau 40 Prozent Alkoholvolumen destilliert.

Iwan Pawlow (1849–1936)

Verhaltensforscher und Begründer neuer Lerntheorien. Pawlow wies nach, dass Verhalten auf Reflexen beruhen kann. Der berühmte «Pawlowsche Hund» begann schon mit der Speichelsekretion, bevor er das Essen bekam. Wenn zum Beispiel der Fütterung immer ein Klingelton vorausging, genügte schon das Ertönen dieses Tons, um die Speicheldrüsen zu aktivieren. Noch heute sagt man von einem Menschen, der auf bestimmte Stichworte reflexartig reagiert, er reagiere wie ein Pawlowscher Hund.

Andrei Sacharow (1921–1989)

Kernphysiker, wesentlicher Kopf des sowjetischen Atomwaffenprogramms. Sacharow war maßgeblicher Konstrukteur der russischen Wasserstoffbombe «Zar-Bomba», die (ohne dass die letzte Stufe zur Zündung gebracht wurde) mit über 50 Megatonnen die gewaltigste je erfolgte Nuklearexplosion verursachte.

1970 gründete er eine Organisation zur Durchsetzung der Menschenrechte und erhielt 1975 den Friedensnobelpreis. Er durfte jedon nicht zur Entgegennahme nach Oslo ausreisen. 1980 wurde er aus der Stadt Moskau nach Gorki (heute Nischni Nowgorod) verbannt. 1989 wurde er Gründungsvorsitzender der Menschenrechtsgruppe «Memorial», die die Geschichte der GULAG-Lager und der ihrer Opfer erforschte.

Konstantin Ziolkowski (1857–1935)
Raumfahrtpionier und Visionär, der seiner Zeit weit voraus war. Er entwickelte bereits 1880 ein Konzept für Ganzmetall-Luftschiffe und schlug die Verwendung von flüssigen Raketentreibstoffen vor. Schon 1903 entwarf er das Prinzip der Mehrstufenrakete. Er befasste sich mit Fragen des Betriebs von Raumstationen und der industriellen Nutzung des Weltraums.

12.1.2 Erfinder und Konstrukteure

Michail Kalaschnikow (*1903)
Erbauer des berühmten Sturmgewehrs AK, welches weltweit besser unter dem Namen seines Konstrukteurs bekannt ist. Typisch für die Waffe ist das gebogene Munitionsmagazin.

Sergei Pawlowitsch Koroljow (1907–1966)
Raketenkonstrukteur und Weltraumpionier. Unter seiner Leitung wurde die erste sowjetische Interkontinentalrakete gebaut, der erste Sputnik gestartet und der erste Weltraumflug von Juri Gagarin, dem ersten Menschen im Weltall, absolviert.

Alexander Popow (1859–1905)
Erfinder des Radios. 1896 veröffentlichte er Pläne für den Bau eines Radios und präsentierte auch ein funktionierendes Gerät. Allerdings ließ der in England lebende Italiener Marconi ein halbes Jahr nach

der Publikation die Erfindung patentieren – unter Wiederholung von Popows Konstruktionszeichnungen. Seine Entdeckung der Reflexion von Radiowellen war auch die Grundlage zur Entwicklung des Radars.

Igor Sikorski (1889–1972)
Flugzeugkonstrukteur, Entwickler des Helikopters mit Haupt- und Heckrotor. Er wanderte 1919 in die USA aus, wo er eine noch heute existierende Flugzeug- und Hubschrauberproduktionsfirma Sikorsky Aircraft Corporation gründete.

Wladimir Sworykin (1889–1982)
Erfinder der Kineskopröhre, eines Vorläufers des Fernsehers. Sworykin war an der Entwicklung des Farbfernsehens und des Elektronenmikroskops beteiligt.

Andrei Tupolew (1888–1972)
Konstrukteur der berühmten nach ihm benannten Flugzeuge.

12.1.3 Entdecker und Pioniere

Semjon Deschnjow (1605–1673)
Deschnjow durchsegelte 1648 als Erster die Beringstraße und widerlegte damit die Annahme, dass zwischen Amerika und Asien eine Landverbindung bestehe.

Jermak (1540–1585)
Kosakenhauptmann, Eroberer Sibiriens.

Juri Gagarin (1934–1968)
Kosmonaut, erster Mensch im Weltall mit einem zweistündigen Flug am 12. April 1961 in der Kapsel Wostok 1, mit der er eine Erdumrundung machte.

Adam Johann von Krusenstern (1770–1846)
Admiral der russischen Flotte und erster russischer Weltumsegler.

Afanassi Nikitin
Russischer Kaufmann, der im 15. Jahrhundert Indien und Afrika bereiste.

Nikolai Prschewalski (1839–1888)
Forschungsreisender in Ostsibirien, China, Mongolei und Zentralasien. Nach ihm benannt sind die von ihm beschriebenen urwüchsigen Prschewalski-Pferde.

12.1.4 Dichter und Schriftsteller

Anna Achmatova (1889–1966)
Anna Andrejewna Achmatowa war eine russische Dichterin und Schriftstellerin. Sie gilt als die Seele des Silbernen Zeitalters in der russischen Literatur und als die bedeutendste russische Dichterin. Sie war während der Stalin-Zeit unterdrückt und verboten und überlebte in bitterster Armut. Als ihr Hauptwerk gilt «Poem ohne Held»: In einem Karnevalszug ziehen die maskierten Verschwundenen aus St. Petersburg vorbei.

Fjodor Dostojewski (1821–1881)
Dostojewski entstammte verarmtem Adel, sein Vater war Arzt. Nach dem Tod seiner Mutter, 1837, ließ sich Dostojewski mit seinem Bruder Michail in St. Petersburg nieder. 1839 wurde sein Vater auf dem heimischen Landgut durch leibeigene Bauern ermordet. 1866 erschien der erste der großen Romane, durch die Dostojewskis Werk Teil der Weltliteratur wurde: *Schuld und Sühne*. Als Dostojewski 1881 starb, nahmen rund 60 000 Menschen an seinem Begräbnis teil.

Dostojewskis Einfluss auf das russische Selbstbild und die Literatur des 20. Jahrhunderts ist gewaltig.

Von ihm beeinflusste Autoren sind unter anderem Hermann Hesse, Friedrich Nietzsche, Marcel Proust, William Faulkner, Albert Camus, Franz Kafka, Henry Miller und Gabriel García Márquez. Die wichtigsten Werke:

Schuld und Sühne (besser – auch in der Neuübersetzung verwendet: *Verbrechen und Strafe*). Der junge, hochbegabte, jedoch mausarme Jurastudent Raskolnikoff bringt die geistlose und geizige Geldverleiherin um. Er sieht sich zur Tat als moralisch berechtigt; ein Übermensch im Gegensatz zur unwerten Kreatur des Opfers. Nach der Tat aber bemerkt er, dass er nicht die vermutete rücksichtslose «Größe» für eine solche Tat hat. Er verkraftet den Mord nicht und gesteht dem Untersuchungsrichter, ohne dass dieser es ihm hätte nachweisen können.

Die Brüder Karamasow. Vier Brüder hassen ihren moralisch verkommenen Vater und wollen ihn umbringen. Einer tut's. Die Analyse von Wunsch und Tat kreist um Fragen von religiösen und moralischen Werten.

Der Spieler. Um sich das nötige Geld zum «Auskauf» seiner Geliebten zu beschaffen, geht der Hauslehrer Aleksei ins Casino, wo er auch tatsächlich eine große Summe gewinnt. Der Gewinn aber macht ihn zum süchtigen Spieler und verpfuscht sein Leben hoffnungslos.

Der Idiot. Der hilflose naiv-gutgläubige Fürst Myschkin kann sich in der intriganten St. Petersburger Gesellschaft nicht bewegen. Auch der Liebe zu zwei exzentrischen Frauen ist er nicht gewachsen. Er wird als Idiot verachtet, der zu keinen entschiedenen Taten fähig ist.

Nikolai Gogol (1809–1852)

Gogol wurde als Sohn eines ukrainischen Gutsbesitzers geboren. 1834 wurde er Professor für Allgemeine Geschichte an der Universität St. Petersburg. In seinen Werken karikierte er treffend die teils großspurige wie korrupte Lebensart des russischen Bürgertums.

Gogol erhielt viele Anregungen für seine Werke von seinem Freund Alexander Puschkin. Seine wichtigsten Werke:

Der Revisor. Ein Beamter aus der Hauptstadt soll die Verwaltung einer Kleinstadt prüfen. Er will inkognito reisen, die Chefbeamten jedoch erfahren von der Inspektion. Sie machen das «Spiel» mit und täuschen dem Anreisenden eine glänzende und stubenreine Organisation vor. Sie verwöhnen ihn nach Strich und Faden. Was sie aber nicht wissen: Sie halten einen falschen, einen zufällig Reisenden für den Kontrolleur…

Die toten Seelen. Business auf Russisch: Der zaristische Staat zahlt Subventionen an diejenigen, die ihre leibeigenen Bauern nach Sibirien verfrachten, um dort das Land zu besiedeln.

Der pfiffige Tschitschikow reist zu Gutsbesitzern, um ihnen Leibeigene abzukaufen; solche, die zwar gestorben sind, deren Tod jedoch in den staatlichen Registern noch nicht eingetragen ist. Dabei lernt er die verschiedensten Typen kennen: geizige, faule, überhebliche und so weiter. Die Beschreibung der einzelnen Gutsbesitzer ist eigentlich eine Typologie der Menschen.

Der Mantel. Ein niedriger Beamter, eigentlich nur Abschreiber, Kopierer, erspart sich mit Mühe und Hungern einen schönen Mantel. Der Besitz dieses Mantels macht ihn zu einem neuen Menschen. Er will nun am gesellschaftlichen Leben teilnehmen.

Aber schon am ersten Abend des neuen Lebens wird er Opfer eines Überfalls, der Mantel wird ihm gestohlen – und damit sein neuer Lebensinhalt. Er versucht, mit Hilfe von höheren Beamten seinen Mantel zurückzuerhalten, wird jedoch überall abgewiesen. Er verstirbt bald aus Gram – geistert jedoch als Gespenst weiter und stiehlt Beamten ihre Mäntel.

Wie Iwan Iwanowitsch und Iwan Nikoforowitsch sich miteinander verfeindeten. Zwei Nachbarn streiten sich um eine Kleinigkeit. Der Streit eskaliert, und Gerichte werden bemüht. Schließlich wird der Gerichtsstreit zum Lebensinhalt der beiden.

Maxim Gorki (1868–1936)

Gorki (eigentlich Alexej Peschkow) wuchs in ärmsten Verhältnissen auf. Sein Großvater war Wolgatreidler, sein Vater, der früh starb, Tischler. Von seinem zehnten Lebensjahr an musste er selbst Geld verdienen. Er arbeitete als Laufjunge, Küchenjunge, Vogelhändler, Verkäufer, Ikonenmaler, Schiffsentlader, Bäckergeselle, Maurer, Nachtwächter, Eisenbahner und Rechtsanwaltsgehilfe.

Seine erste Erzählung «Makar Tschudra» unterzeichnete Alexei Peschkow mit dem Pseudonym Maxim Gorki (der Bittere). 1894 gelang ihm der Durchbruch als Schriftsteller.

Gorki brachte gegenüber der Oktoberrevolution von 1917 große Skepsis entgegen. Gleichwohl wurde er in den späteren Jahren zu Stalins Vorzeigeschriftsteller. Sein bis heute bedeutendstes Werk ist *Nachtasyl*. Szenen aus einem Nachtasyl, einem Keller, der an gescheiterte Existenzen vermietet wird, an Diebe, Alkoholiker, Prostituierte und so weiter.

Ilf und Petrow

Zwei Autoren, die gemeinsam unter Pseudonym schrieben. Ilja Ilf war Ilja A. Fainsilberg (1897–1937) und arbeitete zusammen mit Petrow, Jewgeni Petrowitsch Katajew (1903–1942), seit 1927 für satirische Zeitungen. Beide wurden berühmt durch ihre gemeinsam verfassten Romane. Ilf starb 1937 an Tuberkulose, Petrow 1942 bei einem Flugzeugabsturz. Die wichtigsten Werke:

Zwölf Stühle. Der listenreiche Hochstapler Ostap Bender sucht nach einem Schatz. Juwelen sollen in der Polsterung eines von zwölf Stühlen versteckt sein. Leider sind die 12 Stühle in alle Himmelsrichtungen verteilt und entschwunden. Es beginnt die Suche im frischgebackenen Sowjetreich … Eine geistreiche Satire auf die neue Gesellschaftsordnung und Wirtschaftspolitik des Sowjetsystems.

Das goldene Kalb. Ostap Bender und Kollegen versuchen einen Millionär davon zu überzeugen, ihnen «freiwillig» seine Millionen zu übergeben.

Alexander Puschkin (1799–1837)

Väterlicherseits stammt Puschkin aus einem alten Adelsgeschlecht. Sein Urgroßvater mütterlicherseits war ein äthiopischer Sklave, der dem Zaren Peter dem Großen geschenkt und sein Patenkind wurde. Puschkin darf wohl als der Begründer der russischen Literatur betrachtet werden.

Hervorragend sind vor allem seine Gedichte und Poeme, die allerdings kaum ohne ästhetischen Verlust in fremde Sprachen übertragen werden können. Deshalb sind – dem literarischen Wert nach zu Unrecht – bei uns vorwiegend seine Dramen bekannt. Hier einige der bedeutendsten:

Die Hauptmannstocher. Roman um den Rebellenführer Pugatschow.

Mozart und Salieri. Drama, von Rimsky-Korsakow als Oper vertont. Salieri ist eifersüchtig auf Mozart, dass dieser die göttliche Begabung habe und nicht er. Er vergiftet ihn deshalb. Das Sujet ist von Peter Shaffer als Drama «Amadeus» (erhielt 1981 den «Tony» für das beste Broadway-Stück) und von Milos Forman als Film verarbeitet worden.

Boris Godunow. Drama, von Mussorgsky als Oper vertont. Boris Godunow übernimmt als Kleinadliger in Moskau die Macht und lässt sich zum Zaren ausrufen. Ihm wird die Ermordung des eigentlichen Thronfolgers Dmitri vorgeworfen. Als ein entlaufener Mönch sich als Dmitri (der das Attentat überlebt habe) ausgibt, beginnt Godunows Macht zu schwanken und er stirbt.

Lew Tolstoi (1828–1910)

Tolstoi entstammte einem alten russischen Adelsgeschlecht. Von 1851 an erlebte er in der zaristischen Armee als Feuerwerker einer Artilleriebrigade die Kämpfe im Kaukasus. Er verstärkte die reformpädagogischen Bestrebungen in Russland und richtete Dorfschulen nach dem Vorbild Rousseaus ein.

Seit 1881 hatte er sich intensiv religiösen Fragen zugewandt. Der kriegsbejahenden christlichen Praxis stellte er die schlichten Lehren Jesu und einen unbedingten Pazifismus gegenüber, Haltungen, die als staatsgefährend angesehen wurden. Seit 1882 unterstand er polizeilicher Überwachung.

Seine Romane und Erzählungen hatten weitreichende Auswirkungen und etablierten das Genre des historischen Romans. Die wichtigsten Werke:

Krieg und Frieden. Historisches Epos, das die Zeit der napoleonischen Kriege von 1805 bis 1812 beschreibt.

Anna Karenina. Die Schwester des Fürsten Oblonski, Anna, ist mit dem Staatsbeamten Karenin verheiratet und hat eine Liebesbeziehung mit dem Grafen Wronski. Das führt schließlich zum Bruch der Ehe und zu ihrem Selbstmord. Sie wirft sich vor den Zug.

Kreutzersonate. Während einer Zugfahrt wird die Geschichte eines Mannes erzählt, der seine Frau aus rasender Eifersucht umgebracht hat. Es sei eben nicht die wahre Liebe gewesen, sondern auf Sinneslust aufgebaut. Das geistige Ideal der Ehe entsprach nicht der Realität. Diese war gekennzeichnet von Streitigkeiten um Nebensächliches. Ein älterer Passagier bekennt schließlich die Geschichte als seine eigene. Die Erzählung inspirierte Leos Janacek zu einem der bedeutendsten Streichquartett der Moderne.

Wie viel Erde braucht der Mensch? Ein Siedler darf so viel Land nehmen, wie er an einem Tag bis Sonnenuntergang umlaufen kann. Um möglichst viel zu bekommen, wählt er eine sehr lange Strecke und fällt am Abend vor Erschöpfung tot um.

Anton Tschechow (1860–1904)

Tschechow arbeitete als Arzt, denn er musste Eltern und Geschwister ernähren. Die wissenschaftliche Basis und seine medizinische Erfahrung trugen bedeutend zum Realismus seiner Werke bei. Sein Bericht über die Zwangsarbeit auf der Gefangeneninsel Sachalin im Stillen Ozean beeindruckt auch heute noch. Er starb 1904 an Tuberkulose.

Der Nachwelt ist er vor allem als Dramatiker in Erinnerung, der eine Gesellschaft im Umbruch analysiert. Die wichtigsten Stücke:

Die Möwe. Konstantin Treplew will Schriftsteller werden. Seine Mutter – befreundet mit dem erfolgreichen Schriftsteller Trigorin – wirft dem Sohn Unfähigkeit vor und nörgelt an ihm herum. Auch seine Geliebte Nina bewundert Trigorin und zieht schließlich mit diesem fort, um an seiner Seite Erfolg als Schauspielerin zu haben. Nach Jahren kommt sie enttäuscht zum inzwischen erfolgreichen Konstantin zurück, verlässt ihn aber wieder, worauf er sich erschießt.

Drei Schwestern. Drei Schwestern leben zusammen in einer Provinzstadt und suchen vergeblich Eheglück. Zwei der drei resignieren vor allem wegen ihrer Tatenlosigkeit, während die dritte wenigstens einer Arbeit als Lehrerin nachgeht.

Der Kirschgarten. Die Ranjewskis verlieren ihr verschuldetes Landgut. Sie versuchen alles, um den schönen Kirschgarten zu retten. Schließlich aber übernimmt der zu Geld gekommene ehemalige Leibeigene Lopachin das Anwesen. Er holzt die Kirschbäume ab, um das Land für den Bau von Datschas zu nutzen – etwas, das die Ranjewskis auch selbst hätten tun können.

Iwan Turgenjew (1818–1883)

Turgenjews Vater war Offizier in der russischen Armee. Ab 1855 lebte Turgenjew mit nur kurzen Unterbrechungen im Ausland, besonders in Deutschland und Frankreich. Zu seinem Freundeskreis zählten unter anderem Gustave Flaubert, Prosper Mérimée, Berthold Auerbach, Paul Heyse, Gustav Freytag und Theodor Storm. Turgenjew gilt als einer der bedeutendsten Vertreter des russischen Realismus. Sein Werk hatte großen Einfluss auf die Entwicklung des «melancholischen Impressionismus» in Westeuropa. Die wichtigsten Werke:

Aufzeichnungen eines Jägers. Ein Adeliger zieht als Jäger durchs Land und trifft sich dabei mit dem ganzen Spektrum der Bewohner, vom Leibeigenen bis zum Gutsbesitzer; ein Situationsbericht, eine

Bestandsaufnahme zur gesellschaftlichen Situation. Ein Aufruf zur Aufhebung der Leibeigenschaft und Bauernbefreiung.

Väter und Söhne. Familiengeschichte mit Generationenkonflikt, der auch die politischen Reformbestrebungen widerspiegelt.

Boris Pasternak (1890–1960)

Boris Pasternak wuchs in einem intellektuellen und künstlerischen Milieu auf. Er ist einer der wichtigsten Dichter der russischen Moderne. Nach dem Zweiten Weltkrieg arbeitete Pasternak lange an seinem ersten und einzigen Roman, *Doktor Schiwago* (siehe unten), der in der Sowjetunion aufgrund seines Inhalts nicht erscheinen durfte. Er wurde auch aus dem sowjetischen Schriftstellerverband ausgeschlossen.

Doktor Schiwago ist ein bedeutendes Werk der russischen Literatur und hat auch im Westen viel Erfolg gehabt. Er erhielt dafür 1958 den Nobelpreis für Literatur zugesprochen, musste ihn aber aufgrund des Drucks der Sowjetbehörden ablehnen.

Der Roman spielt während der russischen Revolutionszeit vor und nach 1917 und beschreibt die Konflikte, in die ein Intellektueller durch seine geistigen und religiösen Überzeugungen mit der revolutionären Bewegung und der sozialistischen Realität gerät. In der Sowjetunion konnte er erst 1987 unter Gorbatschow publiziert werden, nachdem man Pasternak offiziell rehabilitiert hatte. Der gleichnamige Film mit Omar Sharif und Julie Christie (Regie: David Lean, 1965) gewann 1966 fünf Oscars und war ein internationaler Erfolg.

Es ist hier nicht der Ort, eine Literaturgeschichte zu schreiben. Es gäbe noch zu viele Schriftsteller, die es wert wären, dass man nicht nur ihre Namen wüsste: Iwan Bunin, Wladimir Nabokov, Michail Bulgakow, Michail Lermontow, Sergei Jessenin, Ilja Ehrenburg, Alexander Block oder Joseph Brodski.

12.1.5 Komponisten

Der Ursprung der russischen Musik ist in den A-cappella-Gesängen der russischen Kirchenmusik zu sehen. Tiefe und Ergriffenheit der russischen Seele lassen sich wohl kaum trefflicher erfassen als bei der Teilnahme an der Liturgie einer russisch-orthodoxen Kirche – in meinen Augen ein Höhepunkt der abendländischen Kultur. Bei allen russischen Komponisten sind die Einflüsse von Kirchenmusik und russischer Volksmusik klar zu spüren. Als Klassiker kann man sicher die folgenden Komponisten bezeichnen.

Alexander Borodin (1833–1887)

Borodin, unehelicher Sohn eines georgischen Fürsten, war ein leidenschaftlicher Naturwissenschaftler und Mediziner, der vor allem auf dem Gebiet der organischen Chemie forschte.

Als Komponist wurde er vor allem berühmt durch seine heroische Oper *Fürst Igor* mit den berühmten *Polowetzer Tänzen*.

Alexander Glasunow (1865–1936)

Glasunow war Schüler von Rimski-Korsakow. Er hinterließ ein reiches Werk etwas heroischer und pathetischer Musik, die sich stark an Tschaikowski anlehnt. Besonders bekannt wurde er als Musikpädagoge, unter anderem auch als Förderer des jungen Schostakowitsch. Seine Bedeutung als eine der wichtigsten Personen der russischen Musik erlangte Glasunow vor allem durch die Tätigkeit als Professor und Leiter des Petersburger Konservatoriums.

Michail Glinka (1804–1857)

In seiner Oper «Ein Leben für den Zaren» wird die Geschichte des heldenhaften Bauern Sussanin erzählt, der polnische Besatzer in die unwegsamen Wälder geführt haben soll, aus denen sie nicht mehr herausfanden – wofür er erschlagen wurde. Noch heute wird im Volksmund jemand, der eine Gruppe durch unwegsames Gebiet führt, als «Sussanin» bezeichnet.

Seine zweite, volkstümliche Oper «Ruslan und Ljudmila» ist nach einem Gedicht Puschkins verfasst.

Modest Mussorgski (1839–1881)

Mussorgski war in vielen Funktionen im Staatsdienst tätig. Sein Klavierzyklus «Bilder einer Ausstellung» ist ein Muster der Programmmusik: Zehn Bilder einer Ausstellung werden musikalisch beschrieben. Jeweils dazwischen gibt es das Thema einer Promenade – desjenigen, der von einem Bild zum anderen wandert.

In der sinfonischen Dichtung «Eine Nacht auf dem kahlen Berge» wird in feurigen Orchesterfarben der Tanz der Hexen in der Johannisnacht auf dem Berg Triglaw beschrieben. Alle Oppern Mussorgskis blieben unvollendet und wurden von Nikolai Rimski-Korsakow und Dmitri Schostakowitsch nachbearbeitet. Er gilt als einer der Pioniere der russischen Nationaloper.

Sergei Rachmaninow (1873–1943)

Nach einer erfolgreichen Solisten- (Klavier) und Komponistenkarriere verließ Rachmaninow während der Oktoberrevolution Russland und lebte zuerst in der Schweiz, dann in den USA. Am berühmtesten ist wohl sein Klavierkonzert Nr. 2, b-Moll. Neben vielen Klavierwerken schrieb er auch drei Opern und drei Sinfonien.

Nikolai Rimski-Korsakow (1844–1908)

Rimski-Korsakow wandte sich nach einer Militärkadetten-Ausbildung der Musik zu. Er schrieb 15 Opern, drei Sinfonien und eine Reihe von Orchester-Suiten. Die Konzert-Ouvertüre «Russische Ostern» bearbeitet im Wesentlichen Elemente der russisch-orthodoxen Liturgie. Besonders bekannt wurde seine sinfonische Dichtung «Scheherazade», in der er orientalische Themen verarbeitet.

Andere Komponisten orientieren sich mehr an westlicher Musik, vor allem der deutschen Romantik:

Anton Rubinstein (1829–1894)

Rubinstein schrieb unter anderem siebzehn Opern, fünf Klavierkonzerte, sechs Sinfonien sowie eine beträchtliche Anzahl von Klaviersolowerken und war neben Franz Liszt der bedeutendste Klaviersolist des 19. Jahrhunderts.

Außerdem galt er zu seiner Zeit neben Brahms als einer der bedeutendsten Komponisten, die nicht von Wagner beeinflusst waren. Er war wegweisend für Komponisten wie Tschaikowski und Rachmaninow.

Peter Tschaikowski (1840–1893)

Auf Drängen seiner Eltern wählte Tschaikowski zunächst die Beamtenlaufbahn, widmete sich aber später völlig der Musik. Er ist ohne Zweifel der «europäischste» unter den russischen Komponisten und auch ihr bedeutendster im 19. Jahrhundert.

Vor allem die «Nussknacker-Suite», die gern zu Weihnachten aus dem Reservoir herausgeholt wird, hat ihn auch im 20. Jahrhundert zu einem der meistgespielten Komponisten gemacht. Aus dem riesigen Werk sei nur Folgendes erwähnt:

* Ballette: *Schwanensee, Dornröschen, Der Nussknacker*
* Opern: *Eugen Onegin, Pique Dame, Jolanthe, Mazeppa, Die Jungfrau von Orleans*
* Sinfonien: *Manfred* (in h-Moll, Opus 58), *Pathetique* (6. Sinfonie)
* Orchesterwerke: *Slawischer Marsch,* Fantasie-Ouvertüre *Romeo und Julia, Capriccio Italien*
* Soloinstrument mit Orchester: *Klavierkonzerte Nr. 1, 2 und 3, Violinkonzert D-Dur*

Komponisten der Moderne

* Dem sowjetischen Realismus verpflichtet war der Armenier Aram Chatschaturjan.
* Bekannte Vertreter der modernen expressionistischen und

avantgardistischen Komponisten sind Alexander Skrjabin, Igor Strawinski, Dmitri Schostakovitsch und Alfred Schnittke.

12.1.6 Maler

Anfänge

Die Geschichte der russischen Malerei beginnt mit der Ikonenmalerei. Hier gelten vor allem vier Maler als herausragend: Pheophan Grek, ab 1378, der aus Byzanz nach Nowgorod kam;Andrej Rubljow und Daniil Tschernyi, ab 1405; und Simon Uschakow (1626–1686). Erst mit Beginn des 18. Jahrhundert und nach den Reformen Peters des Großen entwickelt sich im Umfeld der Adelshäuser die weltliche Kunst.

Vor allem Einflüsse aus Frankreich und Deutschland führen dazu, dass sich in Russland, ähnlich wie in anderen Ländern, verschiedene Genretypen der Malerei entwickeln. Ihre prominentesten Vertreter haben auch in Westeuropa großen Erfolg.

Mit dem Sieg der Oktoberrevolution 1917 und mit dem Aufkommen der neuen, großen avantgardistischen Stilrichtungen setzt sich die russische Malerei an die Spitze der internationalen gestalterischen Entwicklung. Erst das Postulat des «Sozialistischen Realismus» macht diesen fortschrittlichen Tendenzen den Garaus, und erst in den Siebzigerjahren des 20. Jahrhunderts lässt sich wieder eine eigenständige russische Malerei festmachen (u. a. Ilja Kabakow).

Hier eine Auswahl bedeutender Maler.

Iwan Argunow (1729–1802)

Argunow ist einer der berühmtesten russischen Maler und war einer der Ersten mit weltlichen Sujets, vorwiegend Porträts. Er war leibeigener Künstler der Grafen Scheremetew.

Karl Brjullov (1799–1852)

Mit Brjullov, einem Kind italienischer Eltern, gewinnt die historische Malerei einen festen Platz in der russischen Kunst. Sein berühmtestes Gemälde ist «Der letzte Tag von Pompeji». Er ist der erste russische Maler, der auch international großen Erfolg hat.

Marc Chagall
(eigentlich Mark Sachorowitsch Schagal; 1887–1985)

Chagall stammt aus einem strenggläubigen jüdischen Elternhaus. Er ist ohne Zweifel einer der bedeutendsten Maler an der Grenze zur Moderne. Er hat sich aber im Wesentlichen mit seinen Erinnerungen an seine Kindheit in Russland und die Welt des Chassidismus beschäftigt und eine ganz eigene Formensprache geschaffen. Er lebte vorwiegend in Frankereich und in den USA.

1898 war er in Russland Mitglied einer wichtigen Künstler-Vereinigung, «Die Welt der Kunst», die anfangs Ansichten und tolerante Genossenschaftsstimmungen von Impressionisten vereinigte, später aber eine Namenvielfalt von Malern vertrat, die sowohl den Glanz der russischen Moderne als auch die Entstehung der russischen Avantgarde ausmachten, darunter auch Alexander Benua, Konstantin Somow, Lew Bakst, Boris Kustodiew,Nikolaj Rerich, Konstantin Petrow-Wodkin,Michail Larionow und Natalja Goncharowa.

Pavel Fedotow (1815–1852)

Fedotow ist ein typischer Vertreter der sogenannten Genre-Malerei. Jedes Bild wird zu einer kleinen Geschichte aus dem Alltag. Er gilt als erster Vertreter des kritischen Realismus. Seine Themen sind von einem Spitzweg nicht weit entfernt, aber in ihrem Humor schärfer.

Natalja Gontscharowa (1881–1962)

Natalja Gontscharowa war eine der bedeutendsten Avantgardistinnen und gilt als eine wichtige Vertreterin des sogenannten Neoprimitivismus, der sich sich vor allem auf die Volkskunst berief, eine

Haltung, die sich in der Musik vor allem durch Igor Strawinsky manifestierte.

Sie war 1910 Mitbegründerin der neuen Vereinigung «Karobub», die einen Gegensatz zur hohen Ästhetik der «Welt der Kunst» postulierte. Ihre Einstellung war: klare Bildkonstruktion, intensive Farben. Das Vorzugsgenre war das Stillleben. Unter den Teilnehmern dieser Vereinigung finden wir Namen, die im Ausland als russische Avantgardisten bekannt sind: Ilja Maschkow, Michail Larionow (Gontscharowas Lebensgefährte, der mit ihr auch ins Exil ging), Aristarch Lentulow, Robert Falk und auch Marc Chagall.

Kasimir Malewitsch (1878–1935)

Malewitsch gilt als einer der Begründer des Konstruktivismus und des Suprematismus, einer Richtung, der auch El Lissitzky, Ljubow Popowa und Alexander Rodschenko gefolgt sind. 1933, zwei Jahre vor seinem Krebstod, wandte er sich wieder der gegenständlichen Malerei zu.

Wassilij Perow (1834–1882)

In der zweiten Hälfte des 19. Jahrhunderts wird die Malerei von den Entwicklungen in der Literatur (naturalistische Schule von Gogol) und dem Aufblühen des öffentlichen Lebens mitbestimmt. Perow ist ihr typischer Vertreter. Jedes seiner Bilder wirft einen kritischen Blick in eine Alltagsszene: so seine Bilder «Teetrinken in Mytischi», «Trojka», «Ankunft einer Gouvernante im Haus eines Kaufmanns».

Ilja Repin (1844–1933)

Ilja Repin gilt unbestritten als der bedeutendste Maler des russischen Realismus des 19. Jahrhunderts. Seine Porträts sind sehr berühmt, doch die wichtigsten Bilder stellen epische Szenen mit sozialem oder historischem Gehalt dar, zum Beispiel «Die Wolgaschlepper» oder «Iwan der Schreckliche und sein Sohn». Sie beleuchten Russlands Alltag genauso wie Russlands Geschichte.

Fedor Rokotow (1735–1808)

Rokotow steht vor allem für die Porträtmalerei. Er ist der «malerische» Repräsentant des Absolutismus. Er war Hofmaler am Hof von St.Petersburg. Bekannt ist sein Porträtbild von Katharina II.

Valentin Serow (1865–1911)

Serows Bilder brechen aus den Tendenzen und Moden seiner Zeit heraus. Er war ein Schüler Repins. Seine Porträts nehmen in der Tretjakowgalerie in Moskau zwei Säle ein. Die Bilder haben einen sehr intimen und persönlichen Charakter und suchen die «höchste Harmonie». Eins seiner berühmtesten Bilder ist ein Mädchenbild: «Mädchen mit Pfirsichen».

Wassilij Tropinin (1776–1857)

Tropinin ist wahrscheinlich der bedeutendste Porträtmaler seiner Epoche. Von ihm stammen über 3000 Porträts, die aber nicht nur Adlige, sondern auch Menschen aus dem einfachen Volk zeigen. Auch er war ursprünglich Leibeigener und erhielt seine Freiheit erst mit 47 Jahren (1823).

12.1.7 Filmemacher, Regisseure

In der Sowjetunion gab es nur ein beschränktes öffentliches Freizeitangebot. Das öffentliche Leben war limitiert. Der Freizeit-Lebensraum war zu Hause. So wurde auch die Kultur im Wesentlichen zu Hause genossen – in Form von Büchern und Fernsehen. Dazu muss gesagt werden, dass das Fernsehprogramm ein äußerst hochstehendes kulturelles Niveau hatte.

Mir schienen die Programme der drei Fernsehkanäle immer gut abgestimmt zu sein: Auf einem wurde im Abendprogramm zur Hauptsendezeit obligaterweise der Krieg gegen die Hitler-Faschisten gewonnen – meist in billiger Serienmachart –, auf zwei anderen jedoch gab es hochwertige Alternativen.

Richtige Hits waren die blendenden gesellschaftskritischen Komödien aus den Jahren 1965 bis 1975. In Gesprächen mit Russen, die noch einige Jahre der Sowjetzeit bewusst erlebt haben, werden Sie immer wieder Zitate und Episoden aus diesen legendären Filmen zu hören bekommen.

- Zwölf Stühle
- Weiße Sonne in der Wüste
- 17 Augenblicke des Frühlings
- Gentlemen des Glücks
- Brilliantenhand
- Kaukasische Gefangene
- Ivan Wassiliewitsch wechselt den Beruf
- Zum leichten Dampf

Sowjetisches und russisches Filmschaffen standen prinzipiell in einer anspruchsvollen Tradition. Unter vielen Filmkünstlern seien nur Folgende erwähnt: Sergei Eisenstein, Andrei Michalkow-Kontschalowski, Andrei Tarkowski, Serhij Bondartschuk.

12.2 Sprache und Schrift

12.2.1 Das kyrillische Alphabet
(Anmerkungen dazu auf Seite 190, nach Wikipedia)

Buchstabe	Transkription deutsch	Transkription englisch	Aussprache[12] Internat. phon. Alphabet
A a	A a		a
Б б	B b		b
В в	W w	V v	v
Г г	G g (w)[8]	G g	g
Д д	D d		d
Е е	E e (Je je)[1]	E e (Ye ye)[1]	$^i\varepsilon$/$j\varepsilon$[13]

Buchstabe	Transkription deutsch	Transkription englisch	Aussprache[12] Internat. phon. Alphabet
Ё ё	Jo jo (O o)[2]	E e (auch Yo yo)	ʲɔ/jɔ[13]
Ж ж	Sch sch (Sh sh)[3]	Zh zh	☐
З з	S s	Z z	z
И и	I i[11]		ʲi/ i / ji[14]
Й й	I i (–)[4]	Y y	j
К к	K k[5]	K k	k
Л л	L l		l
М м	M m		m
Н н	N n		n
О о	O o		ɔ
П п	P p		p
Р р	R r		r
С с	S s (ss)[5, 10]	S s	s
Т т	T t		t
У у	U u		u
Ф ф	F f		f
Х х	Ch ch	Kh kh	x
Ц ц	Z z	Ts ts	ts
Ч ч	Tsch tsch	Ch ch	tʃʲ
Ш ш	Sch sch	Sh sh	ʃ
Щ щ	Schtsch schtsch (Stsch stsch)[9]	Shch shch	ʃʲ:
Ъ ъ	(–)[6]		
Ы ы	Y y		i
Ь ь	(–) (J j)[7]	(Y) (y)	J
Э э	E e		ɛ
Ю ю	Ju ju	Yu yu	ʲu/ju[13]
Я я	Ja ja	Ya ya	ʲa/ju[13]

Erläuterungen

1. Nach russischen Vokalen, am Wortanfang und nach **ь** sowie **ъ** wird mit *je* bzw. *Je* (engl. ye bzw. Ye) transkribiert, sonst mit *e*. Beispiel: **Ельцин** → Jelzin. Wenn im Russischen für *E e* auch **Ё ё** geschrieben werden kann, wird *E e* wie **Ё ё** wiedergegeben.

2. Nach russischen Vokalen, am Wortanfang, nach den meisten Konsonanten und nach **ь** sowie **ъ** wird mit *jo* bzw. *Jo* transkribiert; nur nach **ж** (sch/sh), **ч** (tsch), **ш** (sch), und **щ** (schtsch/stsch) mit **o**. Beispiel: **Горбачёв** → Gorbatschow.

3. Der Duden nennt *sch* als herkömmliche Transkription, da ein «stimmhafter Sch-Laut» (wie in «Journal») im Deutschen nicht eindeutig und verständlich mit Buchstaben ausgedrückt werden könne. Die als zweite Variante im Duden genannte und in der DDR übliche Transkription *sh* (als Unterscheidung zum stimmlosen *sch*) wird von einigen als Notbehelf angesehen, da sie nur von Menschen mit Kyrillisch-Kenntnissen verstanden und richtig ausgesprochen werde. Andere argumentieren jedoch, eine Unterscheidung sei durchaus sinnvoll und solle auch in der Transkription wiedergegeben werden. Bei Wikipedia wird jedoch aus Gründen der Einheitlichkeit die Schreibung mit sch verwendet.

4. Der Duden schreibt: «**й** wird nach **и** und nach **ы** nicht wiedergegeben» und «**й** = *i* am Wortende sowie zwischen russischem Vokalbuchstaben und russischem Konsonantenbuchstaben». Beispiele: **Горький** → Gorki, **Андрей** → Andrei, **Чуйков** → Tschuikow.

5. Der Duden schreibt vor, dass «in allen Fällen» **к с** als *x* transkribiert werden soll. Bei Wikipedia wird diese Regel nur dann angewendet, wenn es um Wörter griechischen oder lateinischen Ursprungs geht (**Алексей** → Alexei). In russischen Wörtern slawischer oder anderer Herkunft wie etwa dem Ortsnamen **Выкса**, der mit einiger Wahrscheinlichkeit finno-ugrischen Ursprungs ist, wird meist die Schreibung mit ks verwendet (also

Wyksa). Dies gilt selbst dann, wenn es sich um Lehnwörter deutschen Ursprungs handelt, deren Originale im Deutschen mit *chs* oder *cks* geschrieben werden: **клякса** *Klecks*, **такса** *Teckel*, Dackel, Dachshund, **вексель** *Wechsel*. Namen wie **Саксония** *Sachsen* sind ein Grenzfall, da hier offenkundig die latinisierte Form Saxonia ins Russische entlehnt wurde.

6. *Härtezeichen:* Hebt die Palatalisierung des voranstehenden Konsonanten auf. Wird im Allgemeinen nicht transkribiert. Siehe aber Anmerkung 1.

7. *Weichheitszeichen:* Palatalisiert den vorangegangenen Konsonanten. Wird im Allgemeinen nicht transkribiert, da die Ausspracheunterschiede für Nicht-Sprachkundige kaum auffallen und ein Apostroph im Wort den Lesefluss nur erschwert. Beispiel: *Gorki* statt *Gor'ki*. Ausnahmen sind die Verbindungen **ьи** und **ьо**, die als *ji* bzw. *jo* transkribiert werden.

8. In der Genitivendung der Adjektive **-ого/-его** jedoch (im Einklang mit der Aussprache) *w: -owo/-(j)ewo*.

9. In der DDR war auch die Transkription *stsch* üblich.

10. Zwischen Vokalen zur Kennzeichnung der stimmlosen Aussprache gewöhnlich *ss*.

11. Siehe aber **ъ ь** und Anmerkung 7.

12. Bei Vokalen bezieht sich die Aussprachengabe auf die Aussprache in betonter, isolierter Stellung. Abweichende Aussprachen infolge von Vokalreduktion in unbetonten Silben oder durch den Einfluss benachbarter palatalisierter Konsonanten werden nicht angegeben.

13. Die zweite angegebene Aussprache gilt nur im Silbenanlaut, also am Wortanfang, nach Vokal, **ъ** oder **ь**.

14. Die Aussprache [i] gilt im Wortanlaut, [ji] nach Vokal, **ъ** oder **ь**.

12.2.2 Transkription in die lateinische Schrift

Als ich nach Russland kam, wurde mein Name «Eckstein» für das Aufenthaltsdokument von Beamten der Registrationsbehörde buchstabenweise korrekt transkribiert. Mit dem «ck» hatten sie aber Probleme: Soll das «c» wie «Caesar», also «ts» oder «z» geschrieben werden, sodass das beim Lesen in Russisch dann etwa «Etskstein» geheißen hätte? Der Beamte hat wohl selbst verstanden, dass das etwas schwierig auszusprechen wäre. Offenbar muss ihm jemand gesagt haben, dass das deutsche «ck» ein besonders starkes «k» sei. Also entschied er sich dafür, meinen Namen für Ausweise und Führerschein korrekt buchstabenweise zu übersetzen, mit Ausnahme des «ck», das er mit «kk» übersetzte, weil ihm dies die vernünftige Verstärkung des «k» zu sein schien. Das hieß dann also «**Еккстейн**».

Ein «st» bei uns ist aber eigentlich ein «scht», und «ei» im Stein ist eigentlich ein «ai».

In der Folge nannten mich die Russen dann buchstäblich «Jekstein», wobei in «stein» das «s» wie ein «s» und das «e» wie ein «e» ausgesprochen wurde.

Als ich einen internationalen Führerschein erhielt, in dem der russische Name in die lateinische Schrift umgeschrieben wurde, stand dort dann: «Yekkshteyn». Der Übersetzer hatte offenbar gewusst, dass beim deutschen «st» das «s» wie ein Zischlaut «sch» ausgesprochen wurde. Er nahm aber die englische Transkription, wo ein deutsches «sch» als «sh» erscheint und ein russisches «i» (**й**) als «y». Auch das russische «E» am Namensanfang hat einen Vorlaut wie «J», der in Englisch mit «Y» wiedergegeben wird. Sie können sich vorstellen, wie mich Schweizer Polizisten angesprochen haben, wenn sie meinen Namen nach deutschem Alphabet mit «Yekkshteyn» gelesen haben.

In meinem Büro gebe ich als Grundregel der Transkription die phonetische Umschreibung an. So, wie man es korrekt in einer Sprache ausspricht, so soll es dann in der anderen Sprache klingen.

Mein Name, auf Russisch gemäß der deutschen Aussprache transkribiert, schreibt sich «**Экштайн**». Wenn man das korrekt lautmalerisch ins Deutsche zurück übersetzt, heißt das dann «Ekschtain» oder auf englisch «Ekshtayn».

Wenn Russen kyrillische Namen ins lateinische Alphabet übersetzen, so ist das zunächst immer eine Methodenfrage. Buchstaben-
gemäß nach der internationalen Lautschrift? Da fehlen in der Regel
die entsprechenden Schriftzeichen auf der Schreibmaschine oder
dem Computerschriftsatz. Schauen Sie mal im Internet-Lexikon
«Wikipedia» unter «Internationales phonetisches Alphabet», wie
man zum Beispiel das Wort «Wasserpfeife» oder «Ringelblume»
schreiben würde!

Die Post und einige Ämter des diplomatischen Dienstes verwenden in der Regel die französische Transkription. Da wird zum Beispiel der Zischlaut, der im Deutschen mit «sch» umschrieben wird,
mit «j» (wie *Journal*) übersetzt oder mit «g» (wie *Gendarmerie*).

Immer mehr Verwendung findet die englische Transkription. Da
wird dieser Zischlaut mit «sh» (wie *shot* oder *shame*) übersetzt. Der
Laut, der wie unser stimmhaftes «s» klingt, wird mit «z» übersetzt.

Wenn Sie also eine Visitenkarte einer Russin in lateinischen
Buchstaben bekommen, auf der «Zotova» steht, so heißt die Frau in
deutscher Lesart eben «Sotova».

Häufig finden Sie hinter einem russischen Firmennamen die Ab-
kürzung «ZAO». Das ist die geschlossene Aktiengesellschaft «sakry-
taja aktsionernaja obschestwo». Die deutsche Aussprache für das
englisch transliterierte «ZAO» ist entsprechend «SAO». Da unsere
Kunden vorwiegend aus dem deutschsprachigen Raum kommen,
übersetzen wir immer nach der phonetisch richtigen Aussprache in
deutscher Schrift.

Das ist immer meine Schwierigkeit, wenn ich zum Beispiel für
Russen ein Hotelzimmer bestelle. Da fragt mich die Dame am Telefon, wie man das schreibe. Was soll ich nun sagen? Ich sagte am Telefon phonetisch richtig: Die Herren Sotow und Zurikow werden
kommen.

Wie soll ich nun erklären, dass im Pass von Herrn Sotow ein «Z»
steht und beim Herrn Zurikow kein «Z», sondern ein «T» mit nach-
folgendem «s»?

Die Russen kennen keinen Laut für «h». Das «h» wird mit einem «g» oder «ch» übersetzt. Ein *Hamburger* wird zu einem *Gamburger*, der *Hans* zu *Gans*, das *Halstuch* zum *Galstuch*. Der *Hund* kann aber beim Deutsch lernenden Russen auch zum *Chund* werden.

Ungünstige Transkribierungen zum Beispiel des «h» können peinliche Folgen haben. Die Firma KNORR nannte in ihren Trockensuppenverpackungen jahrelang den Hersteller *Nährmittelfabrik Thayngen*. Die Silbe «Nähr» aus «Nährmittelfabrik» wurde lautmalerisch umschrieben mit «Na cher». Das ist in russisch aber ein ganz wüstes Schimpfwort, das die Übersetzer von KNORR kaum in einem Wörterbuch gefunden hätten.

12.2.3 Fremdworte aus dem Deutschen

absaz (**абзац**)	Absatz
aisberg (**айсберг**)	Eisberg
aksel'banty (**аксельбант**)	Achselband
anschlag (**аншлаг**)	Anschlag im Theater: Ausverkauft
anschljus (**аншлюс**)	Der Anschluss Österreichs ans Deutsche Reich 1938
bakenbardy (**бакенбарды**)	Backenbart, Koteletten
bant (**бант**)	Band, Schleife
brandmauer (**брандмауэр**)	Brandmauer
bruderschaft (**брудершафт**)	Bruderschaft
buchgalter (**бухгалтер**)	Buchhalter
burgomistr (**бургомистр**)	Bürgermeister
buterbrod (**бутерброд**)	belegtes Brot (mit oder ohne Butter, also eine Stulle, nicht aber ein Butterbrot)
bufer (**буфер**)	Puffer (Eisenbahn), Dämpfer

bjustgal'ter (**бюстгальтер**)	Büstenhalter
durchschlag (**дурхшлаг**)	Sieb
edel'wejs (**эдельвейс**)	Edelweiß
endschpil (**эндшпиль**)	Endspiel
fakel (**факел**)	Fackel
fal'sch (**фальшь**);	Falschheit, Verlogenheit;
fal'schiwyj (**фальшивый**)	falsch, künstlich
fejerwerk (**фейерверк**)	Feuerwerk
flejta (**флейта**)	Flöte
fligel (**флигель**)	Seitenflügel
fljaschka (**фляжка**)	kleine Flasche
galstuk (**галстук**)	Krawatte (von *Halstuch*)
gastarbajter (**гастарбайтер**)	Gastarbeiter
gastroli (**гастролц**)	Gastspiel (von *Gastrolle*)
gaubiza (**гаубица**)	Haubitze
gauptwachta (**гауптвахта**)	Hauptwache
gerzog (**герцог**)	Herzog
gilsa (**гильза**)	Patronenhülse
glasur' (**глаз**)	Glasur
gonorar (**гонорар**)	Honorar
graf (**граф**)	Graf
grossmejster (**гроссмейстер**)	Großmeister
grunt (**грунт**)	Grund, Boden
jarmarka (**ярмарка**)	Jahrmarkt; Messe
jefrejtor (**ефрейтор**)	Gefreiter
jeger' (**егерь**)	Förster, Jäger
kamerdiner (**камердинер**)	Kammerdiener
kanzler (**канцлер**)	Kanzler
kaput (**капут**)	erledigt sein
kittsch (**китч**)	Kitsch
klej; kleit' (**клей;клеить**)	Klebstoff; kleben
klejster (**клейстер**)	Kleister
kurort (**курорт**)	Kurort

lager' (**лагерь**)	Ferienlager, Arbeitslager, Gulag
landschaft (**ландшафт**)	Landschaft
lejtmotiv (**лейтмотиві**)	Grundgedanke, Leitmotiv
ljuk (**люк**)	Lücke, Klappe, Öffnung
losung (**лозунг**)	Slogan, Parole (mil.; veraltet) (urspr. von *Losung*)
maljar (**маляр**)	Maler und Lackierer
marschal (**марштал**)	Marschall
masschtab (**масштаб**)	Maßstab
mitelschpil(**мительшпиль**)	Mittelspiel
mjusli (**мюсли**)	Müsli
mundschtuk (**мундштук**)	Mundstück
parikmacher (**парикмахер**)	Friseur (Perückenmacher)
parikmacherskaja (**парикмахерская**)	Friseursalon
planka (**планка**)	Leiste, Latte (von *Planke*)
plastyr' (**пластырь**)	Pflaster
poltergeist (**полтергейст**)	Poltergeist
potschtamt (**почтамт**)	Hauptpost, großes Postamt
pul't (**пульт**)	Pult
punkt (**пункт**)	Stelle, Punkt
ratuscha (**ратуша**)	Rathaus (nur als Bauwerk)
rejs (**рейс**)	Fahrt, Flug (von *Reise*)
rejtusy (**рейтузы**)	Reithosen
risenschnauzer (**ризеншнауцер**)	Riesenschnauzer
rjemen (**Ремень**)	Riemen
rjuksak (**рюкзак**)	Rucksack
schachta (**шахта**)	Schacht, Grube (Bergbau)
schajba (**шайба**)	Puck (Eishockey), Unterlegscheibe
schichta (**шихта**)	Schicht
schifer (**шифер**)	Schiefer

schlagbaum (**шлагбаум**)	Schlagbaum, Schranke
schlang (**шланг**)	Schlauch (von *Schlange*)
schljager (**шлягер**)	Schlager
schljus (**шлюз**)	Schleuse
schnizel' (**шницель**)	Schnitzel
schnur; schnurowat'	Schnürsenkel, zuschnüren
(**шнур,шнуровать**)	
schpindel' (**шпиндель**)	Spindel
schpizruteny (**шпицрутены**)	Spießrutenlaufen
schpriz (**шприц**)	Spritze
schrift (**шрифт**)	Schrift
schtanga (**штанга**)	Stange
schtangist (**штангист**)	Gewichtheber
schtat (**штат**)	Bundesstaat, Mitarbeiterliste
schtempel' (**штемпель**)	Stempel
schtepsel' (**штепсель**)	Stecker, Stöpsel
schtift (**штифт**)	Stift (technisch, nicht der Schreibstift!)
schtok (**шток**)	Stock
schtopat' (**штопать**)	stopfen
schtrejkbrecher (**штрейкбрехер**)	Streikbrecher
schtraf (**штраф**)	Geldstrafe
schtuka (**штука**)	Sache, Stück
schturm (**штурм**)	Sturmangriff
schtyk (**штык**)	Bajonette (von *Stecken* oder *Stechen*)
slesar' (**слесарь**)	Klempner (von *Schlosser*)
schtab (**штаб**)	(Militär: General-)Stab
stul (**стул**)	Stuhl
torf (**торф**)	Torf
traur (**траур**)	Trauer
unter-ofizer (**унтер-офицер**)	Unteroffizier
waflja (**вафля**)	Waffel

waltorn (валторн)	Waldhorn
weksel (вексель)	Wechsel, Schuldverschreibung
werbowat' (вербовать)	anwerben (Agenten etc.)
werf' (верфь)	Werft
wint (винт)	Schraube (vgl. dt. *Gewinde*)
wunderkind (вундеркинд)	Wunderkind
wympel (Вымпел)	Wimpel
zejtnot (цейтнот)	Zeitnot
ziferblatt (циферблат)	Zifferblatt
zokol' (цоколь)	Sockel
zugom (цугом)	hintereinander (von *Pferden, die hintereinander eingespannt waren;* Zug)
zugzwang (цугцванг)	Zugzwang

12.3 Amtssprachen in den Föderationssubjekten

Abasinisch (Karatschai-Tscherkessien)

Adygeisch (Republik Adygeja)

Altaisch (Republik Altai)

Baschkirisch (Republik Baschkortostan)

Burjatisch (Burjatien, autonomer Kreis der Ust-Ordynsker Burjaten, Autonomer Kreis der Aginer Burjaten)

Chakassisch (Chakassien)

Ersjanisch (Mordwinien)

Inguschisch (Inguschetien)

Jakutisch (Jakutien)

Kabardinisch (Kabardino-Balkarien, Karatschai-Tscherkessien)

Kalmückisch (Kalmückien)

Karatschai-Balkarisch (Kabardino-Balkarien, Karatschai-Tscherkessien)

Komi (Republik Komi)
Mari (Mari El)
Mordwinisch (Mordwinien)
Nogaisch (Karatschai-Tscherkessien)
Ossetisch (Nordossetien)
Tatarisch (Tatarstan)
Tscherkessisch (Karatschai-Tscherkessien)
Tschetschenisch (Tschetschenien)
Tschuwaschisch (Tschuwaschien)
Tuwinisch (Tuwa)
Udmurtisch (Udmurtien)

Die meisten Amtssprachen gehören nicht zur indogermanischen Sprachfamilie:
- Altaiische Sprachfamilie: Tatarisch, Tschuwaschisch
- Uralsprachen: Udmurtisch, Mariisch

12.4 Völker auf dem Territorium Russlands

Mit mehr als 15 000 Einwohnern, gemäß Volkszählung von 2002:

	Volk/ Nationalität	Einwohnerzahl	Anteil in % an der Gesamtbevölkerung
1.	Russen	115 889 107	79,83
2.	Tataren	5 554 601	3,83
3.	Ukrainer	2 942 961	2,03
4.	Baschkiren	1 673 389	1,15
5.	Tschuwaschen	1 637 094	1,13
6.	ohne Nationalitäts- angabe	1 460 751	1,01
7.	Tschetschenen	1 360 253	0,94
8.	Armenier	1 130 491	0,78
9.	Mordwinen	843 350	0,58

Volk/ Nationalität	Einwohnerzahl	Anteil in % an der Gesamtbevölkerung
10. Awaren	814473	0,56
11. Weißrussen	807970	0,56
12. Kasachen	653962	0,45
13. Udmurten	636906	0,44
14. Aserbaidschaner	621840	0,43
15. Mari	604298	0,42
16. Deutsche	597212	0,41
17. Kabardiner	519958	0,36
18. Osseten	514875	0,35
19. Darginer	510156	0,35
20. Burjaten	445175	0,31
21. Jakuten	443852	0,31
22. Kumyken	422409	0,29
23. Inguschen	413016	0,28
24. Lesgier	411535	0,28
25. Komi	293406	0,2
26. Tuwiner	243442	0,17
27. Juden	229938	0,16
28. Georgier	197934	0,14
29. Karatschaier	192182	0,13
30. Zigeuner	182766	0,13
31. Kalmücken	173996	0,12
32. Moldauer	172330	0,12
33. Laken	156545	0,11
34. Koreaner	148556	0,1
35. Tabassaranen	131785	0,09
36. Adygen	128528	0,09
37. Komi, Permjaken	125235	0,09
38. Usbeken	122916	0,08
39. Tadschiken	120136	0,08
40. Balkaren	108426	0,07

	Volk/ Nationalität	Einwohnerzahl	Anteil in % an der Gesamtbevölkerung
41.	Griechen	97 827	0,07
42.	Karelier	93 344	0,06
43.	Türken	92 415	0,06
44.	Nogaier	90 666	0,06
45.	Chakassen	75 622	0,05
46.	Polen	73 001	0,05
47.	Altaier	67 239	0,05
48.	Tscherkessen	60 517	0,04
49.	Litauer	45 569	0,03
50.	Angehörige anderer Nationalitäten	42 980	0,03
51.	Nenzen	41 302	0,03
52.	Abasinen	37 942	0,03
53.	Ewenken	35 527	0,02
54.	Chinesen	34 577	0,02
55.	Finnen	34 050	0,02
56.	Turkmenen	33 053	0,02
57.	Bulgaren	31 965	0,02
58.	Kirgisen	31 808	0,02
59.	Yeziden	31 273	0,02
60.	Rutulen	29 929	0,02
61.	Chanten	28 678	0,02
62.	Letten	28 520	0,02
63.	Agulen	28 297	0,02
64.	Esten	28 113	0,02
65.	Vietnamesen	26 206	0,02
66.	Kurden	19 607	0,01
67.	Ewenen	19 071	0,01
68.	Tschuktschen	15 767	0,01

Weitere Titel aus dem Orell Füssli Verlag

Dirk Schütz

Herr der UBS

Der unaufhaltsame Aufstieg des Marcel Ospel

Er begann als Lehrling mit einem Monatslohn von 110 Franken, heute verdient er mehr als 26 Millionen Franken im Jahr: UBS-Lenker Marcel Ospel ist aus einfachsten Verhältnissen zum mächtigsten und höchstbezahlten Banklenker auf dem europäischen Kontinent aufgestiegen. Diese Biografie zeichnet erstmals detailliert seine Karriere nach.

«Dirk Schütz beschreibt die Karriere von Marcel Ospel im Stile eines Spionagethrillers – bleibt dabei aber stets anschaulich und detailreich.» *manager magazin*

«Die Biografie über den UBS-Lenker zeigt auf 200 Seiten die entscheidende Rolle Ospels beim Aufstieg des maroden Bankvereins zum global agierenden Finanzkonzern auf.» *Cash*

200 Seiten, geb., ISBN 978-3-280-05261-7

orell füssli Verlag

Gisela Tobler

Russen sind anders

Russlandkenner Karl Eckstein über Oligarchen, Wodka und Demokratie

Im Kreml herrschte noch Breschnew, als Karl Eckstein 1982 der sicheren Heimat den Rücken kehrte, um sich hinter dem Eisernen Vorhang niederzulassen. In «Russen sind anders» schildert der Schweizer mit deutschrussischen Wurzeln, was er beim Wandel von der Sowjetunion zum modernen Russland aus nächster Nähe erlebt hat.

Karl Ecksteins persönliche Erfahrungen mit Russland und den Russen gehen weit über die üblichen reißerischen Medienberichte hinaus. Unkompliziert, humorvoll und auch heikle Themen beim Namen nennend, erzählt der erste russische Honorarkonsul für die Schweiz seine Erlebnisse mit dem russischen Geheimdienst, von der Dekadenz der sowjetischen Elite, vom Lug des Sozialismus, von seinen tschetschenischen Freunden, von Mafia, Bürokratie und Korruption, aber auch von Frauen, Wodka, Verkehrspolizisten, von den Eigenarten der Russen – und von seinem unermüdlichen Kampf, Russland den Weg zum Rechtsstaat zu ebnen.

264 Seiten, gebunden, ISBN 978-3-280-06100-8

orell füssli Verlag

Peter Veleff

Angriffsziel Schweiz

**Das operativ-strategische Denken im Warschauer-Vertrag
mit Auswirkungen auf die neutralen Staaten Schweiz und
Österreich**

War die Bedrohung der Schweiz während des Kalten Krieges nur
eine Fiktion? Oder gab es Angriffsabsichten des Warschauer Vertrages auch auf die neutralen Staaten Schweiz und Österreich? Peter
Veleff liefert Antworten anhand heute zugänglicher Quellen aus
Beständen der DDR.

Peter Veleff analysiert das operativ-militärstrategische Denken des
Warschauer Vertrages im Kalten Krieg. Die Grundlagen dazu bilden
Akten der DDR, insbesondere der Nationalen Volksarmee (NVA), die
erst seit dem Zusammenbruch des Ostblocks zugänglich sind. Die
Erkenntnisse daraus werden ergänzt mit den Aussagen von Zeit-
zeugen, die Schlüsselpositionen innehatten: darunter die ehemali-
gen DDR-Verteidigungsminister General Heinz Kessler und Admiral
Theodor Hoffmann, der Chef des Hauptstabes, Generaloberst Fritz
Streletz und der Chef der Militäraufklärung Generalleutnant Alfred
Krause sowie des Chefs Operativ im Hauptstab der NVA, General-
major Hans Deim

288 Seiten, gebunden, ISBN 978-3-280-06101-5

orell füssli Verlag